大夏书系·全国幼儿教师培训用书

丛书主编／朱家雄 张亚军

幼儿园
活动设计与
经典案例

张亚军
方明惠 ／主编

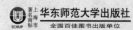
华东师范大学出版社

全国百佳图书出版单位

图书在版编目（CIP）数据

幼儿园活动设计与经典案例/张亚军，方明惠主编.
—上海：华东师范大学出版社，2013.5
全国幼儿教师培训用书
ISBN 978 - 7 - 5675 - 0676 - 3

Ⅰ.①幼... Ⅱ.①张... ②方... Ⅲ.①幼儿园—教学
活动—教学设计—教师培训—教材 Ⅳ.①G612

中国版本图书馆 CIP 数据核字（2013）第 098015 号

大夏书系·全国幼儿教师培训用书

幼儿园活动设计与经典案例

主　　编　　张亚军　　方明惠
策划编辑　　李永梅
审读编辑　　李热爱
封面设计　　奇文云海
责任印制　　殷艳红

出版发行　　华东师范大学出版社
社　　址　　上海市中山北路 3663 号　邮编 200062
网　　址　　www.ecnupress.com.cn
电　　话　　021 - 60821666　　行政传真　021 - 62572105
客服电话　　021 - 62865537
邮购电话　　021 - 62869887　　地址　上海市中山北路 3663 号华东师范大学校内先锋路口
网　　店　　http://hdsdcbs.tmall.com/

印 刷 者　　北京密兴印刷有限公司
开　　本　　700×1000　16 开
印　　张　　15
字　　数　　220 千字
版　　次　　2013 年 6 月第一版
印　　次　　2024 年 9 月第十九次
印　　数　　54 001 — 56 000
书　　号　　ISBN 978 - 7 - 5675 - 0676 - 3/G·6452
定　　价　　52.00 元

出 版 人　　朱杰人

（如发现本版图书有印订质量问题，请寄回本社市场部调换或电话021-62865537 联系）

目　录
CONTENTS

第四辑　生活与环境

丛书总序

2010 年底,《国务院关于当前发展学前教育的若干意见》(以下简称"国十条")给学前教育的发展定了基调,或者说是重申了多年以来被忽略的学前教育的定性问题。"国十条"提出把学前教育摆在国计民生的重要位置,突出强调了它的教育属性和社会公益属性,明确指出,学前教育是国民教育体系的重要组成部分,是重要的社会公益事业。因此,我们有理由认为学前教育迎来了健康快速发展的历史机遇。当然,我们仍然清醒地意识到,学前教育的发展不可能一蹴而就,不应依赖短期的即时政策,而需要一以贯之的良好政策,需要对教育发展规律和教育常识的基本尊重。

学前教育的健康发展无外乎受到外部和内部因素的影响,前者指的是社会发展及政策背景,后者指的是相关从业人员的实践行为。从目前来看,外部因素制约的瓶颈,基本解决了,剩下的是学前教育工作者的实践努力。我们认为,重中之重和当务之急就是建设并维护一支高素质的幼儿园教师队伍。

"国十条"指出,"加快建设一支师德高尚、热爱儿童、业务精良、结构合理的幼儿教师队伍",并提出了"完善学前教育师资培养培训体系"的具体举措。从 2011 年起,实施"幼儿教师国家级培训计划";2012 年初,颁发了《幼儿园教师专业标准(试行)》。这些举措实际上都是在重申和强调教育的一个基本常识:教师的专业化水平是决定教育质量的首要因素。

本套丛书正是在这样的背景下产生的，但这套书并不是应时应景之作，我们的目标是为幼儿园教师的专业成长提供持续的动力。虽然这套书是沐浴着学前教育的"春风"孕育而生的，但她将会焕发持久的生命力。

这套书延续了《给幼儿教师的建议》、《给幼儿园园长的建议》的风格，致力于解决一个核心问题，就是培训的有效性问题。这是一个最基本的常识问题，也是我们首先要直面的问题。无效则不如不做，低效也是劳民伤财。这套丛书或许不能系统地解决这个问题，但我们希望能为培训提供一个有效的载体，这是迈向有效之路的必备资源。如何解决这个问题，我们并没有灵丹妙药，靠的是常识，也就是突出主体性，即所谓的参与式培训。有效无效，受训者心知肚明，这是从结果而言的；想要做到有效，除了培训者和资源开发者的努力外，要充分发挥受训者的主体性。除此之外，别无他途。我们要做的，就是为这个有效之路提供载体。

为达成有效，我们在丛书的体系、内容、形式上做出努力，也就形成了本套丛书的三个特点。

在体系建构上力求系统明晰。这套书包括6册，力图涵盖幼儿园教师专业成长的所有方面。换言之，这是一套全员适用、全面促进幼儿园教师专业成长的读物。当然，这里的难点在于如何兼顾不同地域、不同专业成长期的不同教师，这个差异可能是巨大的。我们的原则是对应于符合资格准入标准的职初教师，直接的参考依据就是当时还未公布的《幼儿园教师专业标准（试行）》。实际上，这套书是对幼儿教师教育课程在实践层面的提升性重组。

在内容整理上力求精练实用。构建了全书的体系后，具体任务就落在了分册主编的肩上，因此，在分册主编人选上我们要求他既能高屋建瓴，又能通晓一线，并力求能在教改前沿和一线工作中融会贯通。对每分册的内容，关键是要提炼出核心的东西，并以一线工作为线索贯穿起来。尽力做到：讲理论要通俗，讲实践要实用。空话套话不讲，提炼核心要素。

在形式表现上力求可读、亲切。可读性不应成为出版物追求的重要目标，或者说这只是文字呈现的技术问题。但不知什么原因，没有可读性的出版物确实不少，这是我们首先要规避的。但我们肯定要更进一步，还要给读者亲切感，这个亲切不是文字的技巧，而是立足实际、置身现场、保持对话、情感共鸣。概而言之，需要我们用心来做。

从 2011 年初启动到现在，历时近两年，终于有了收获，这是值得欣慰的。《给幼儿教师的建议》出版后，我们曾说"这是一个很好的开端，并会沿着这样的足迹继续努力"，这套书算是兑现了我们的承诺。我们要感谢各分册主编艰辛的努力，致力于沟通前沿和一线的"壁垒"；我们要感谢"大夏书系"这个一流平台，致力于挖掘深藏一线的教育智慧；我们更要感谢读者，致力于专业成长和生命质量的提升。当然，我们也深知面对成千上万读者的智慧，我们的能量是有限的。恳请读者指正！

朱家雄
2012 年 10 月

丛书使用说明

一、丛书的内容及体系

本丛书目前共有6册，分别为《幼儿教师专业成长》、《家园沟通实用技巧》、《幼儿教师如何做研究》、《幼儿园环境设计与指导》、《幼儿成长及发展个案研究》、《幼儿园活动设计与经典案例》。

本套丛书的内容基本指向了幼儿园教师所需要的全部专业素养，形成了一个完整的培训研修体系。

二、丛书的特色

不同于学院式的教师教育，本丛书不求逻辑体系的严密完整，不求专业理论的系统演绎。本着"从一线中来，到一线中去"的宗旨，从工作中提升，结合工作经验学习，应用于工作中。丛书语言通俗，结合案例，可操作性强，引导反思。

倡导参与式培训，无需培训者过多地解读丛书，受训者不是长时间的静听者，而是主动的参与者。在研读丛书的基础上，参与讨论，参与展示，参与反思。

丛书虽不能涉及幼教工作的所有方面，但提供了一个专业成长的载体，在这个基础上，通过参与式培训扩充构建在丛书骨架基础上的更丰满的幼教生活。

三、丛书的目标人群

这套丛书主要是为幼儿园教师全员培训开发的，以幼儿园教师身份参加各类培训的受训学员是本套丛书的目标人群。具体可包括以下类型：

1. 学前教育新政策背景下的各级幼儿园教师全员培训（国培、省培、市培、县培）；

2. 各种类型的幼儿园教师专题培训、研讨会；

3. 非学前专业背景幼教师资的岗前培训；

4. 在职幼儿园教师园本培训及自我提升学习；

5. 幼师生拓展学习及新手幼儿园教师入门学习。

四、丛书使用建议

1. 丛书作为专业读物，要保证必要的研读时间。未必要在培训现场大量研读，但可以选择某篇重点研读，作为讨论的载体。篇末有延伸与讨论的建议，可据此展开同伴或小组讨论，使此主题得到更全面的理解和阐释。这是常规型的参与式学习。

2. 丛书中比篇更大的单位是辑，一辑一般有相对集中的指向。可利用课余或较长的培训时间研读某辑，围绕某辑的主题讨论。讨论的结果以适当的方式交流、报告。这是任务稍重、要求较高的参与式学习。

3. 参与式学习也是在做中学，所以受训者要完成相应的任务。可有以下方式：

（1）个人谈体会，结合工作实际谈经验；

（2）同伴或小组讨论，以小组为单位交流汇报；

（3）基于读物本身的延伸，如对某篇的批判性讨论，改写或重写某篇；

（4）同题撰写自己的篇目，展现同一主题的多样性；

（5）同题撰写某辑，小组或全员分工，按照某辑主题，编辑完成和读物相一致的篇目；

（6）观摩或实践：到幼儿园现场的参与式讨论、学习。

4. 参与式培训不是简单的受教，而是积极自主的学习，并要有实际的成效。至少可通过以下方式展现成果：所有参与式学习与讨论的书面（电子）学习档案，以读物为标杆的、向发表水准看齐的个人写作成果，参训学员学习成果的集成。

张亚军

2012 年 9 月

序

    这是一本关于幼儿园课程在一线教学中如何实施的书。实际上是在探讨幼儿园教师每日的工作如何开展，是在直面我们的职业生活。

    一线教师的每项工作大致包括三个环节——计划（设计）、实施与反思，这是动态循环的三个阶段。看起来幼儿园教师总是周而复始地在做这些事情，但实际上幼儿园一日的活动包括多个环节，涉及不同活动形式，教育内容包罗万象，教师面对的是几十个鲜活的小生命，其工作是复杂的、高强度的、富有创造性的。

    我们将一线教师的工作大致分为四个方面，对应着本书的四辑。首先是游戏及区域活动，这是幼儿园活动最基本的形式；其次是五大领域活动，这是目前采用最广泛的对幼儿园教育内容的划分，幼儿园的教学活动一般也依此实施；再次是课程实施与指导，这是对幼儿园一日活动实施的总体阐述，还涉及除教学、游戏、生活活动以外的其他活动；最后是生活与环境，主要涉及生活环节组织及环境创设。另外，我们基本从每种活动的设计、实施与反思三个方面来撰写，几乎每篇文章都包括设计指导、案例分析、延伸与讨论几个部分，以对应教师工作的完整过程。

    幼儿园教师的职业追求是专业，专业的最低标准是合格，最高标准是对优秀的无止境追求。所以幼儿园教师的专业化好比以合格为端点的无限延伸的一条射线，每个幼儿园教师的专业水平都对应着这条射线上的一个点。我们并不想为这本书预设宏大的目标，只希望通过阅读这本书一线教师的专业水平能向前延伸，哪怕是一点点。

　　不可否认，同类的书籍并不少见，那么本书的特色在哪里？一是体系完整，结构清晰，基本包含了一线教师的所有工作内容；二是可操作性强，不奢谈理论（本套丛书有专谈理论的），重在谈如何做，有措施，有案例，有分析；三是强调参与性，我们不提倡依样画葫芦式的模仿，也并不认为我们提供的就是范例，我们提供的只是讨论的载体、反思的中介、专业成长的助推器，幼儿园教师们将在这个平台上各自建构自己的专业成长路径。

　　本书编撰历时一年有余，得到了合肥市庐阳区几所幼儿园的园长和骨干教师的大力支持，在此深表感谢！从确定提纲到正式撰写初稿，我们进行了几次集中的研讨，一些幼儿园把编撰本书作为重要的园本教研活动。从初稿到定稿，各位作者至少修改了三次，我们统稿后也进行了两轮全面修改。但怎奈一线教师工作繁杂，我们也是诸事缠身，难免存在一些遗憾，只能期望高明的读者来指正。李永梅社长以极大的耐心关注本书的进展，李热爱编辑对书稿进行了精心的编辑和润色，谨致谢意！

张亚军　方明惠

2012 年 8 月 30 日

第一辑　游戏与区域活动

总的来说，小孩子是生来好动的，以游戏为生命的。

——陈鹤琴

以游戏为基本活动，寓教育于各项活动之中。

——《幼儿园工作规程》

幼儿园教育应尊重幼儿的人格和权利，尊重幼儿身心发展的规律和学习特点，以游戏为基本活动，保教并重，关注个别差异，促进每个幼儿富有个性地发展。

——《幼儿园教育指导纲要（试行）》

要珍视游戏和生活的独特价值。

——《3～6岁儿童学习与发展指南》

1. 户外游戏场地设计

　　游戏活动是孩子自发自主的活动，教师要给孩子提供条件和机会，精心考虑幼儿园的场地和空间安排，使幼儿园成为一个快乐的游戏场。

一、场地面积

　　幼儿园应该有专门的户外场地，这主要是为了满足幼儿游戏的基本需要。按照规范的要求，每个班级应该有不少于 60 平方米的专用游戏场地，公用游戏场地面积 = 180+20×（$n-1$），n 为班级数。以规模为 7 个班 200 名幼儿的幼儿园计算，室外游戏场地面积应该不少于 720 平方米。

　　规范建筑的幼儿园一般可以达到这个要求，但幼儿园的规模越大，达到这个要求的难度就越大。如果一个独立设置的幼儿园规模扩大到 20 个班，这个要求就比较难达到。很明显，幼儿园的规模不宜过大。

二、场地材质

　　场地的材质有很多种，自然的材质有泥土地、草地等，人工的材质有水泥、塑胶等。不同的材质有不同的优缺点，不好一概而论。但对于开放性游戏场地而言，最好表层是草地，这样既自然又安全，能满足各种游戏的需要。所以，室外首先应该有一大块草地。硬质的水泥地面也是必需的，这有利于经常保持场地干燥，便于游戏的开展。目前城市新建幼儿园在进行室外装修时，较多采用整体塑胶场地，这种新型材质在硬度及透水性方面的优点当然很明显，但也存在着费用较高以及环保等问题。从丰富孩子经验的角度而言，幼儿园最好开辟泥土地面、石子（鹅卵石）地面、沙地等不同材质的场地，以满足幼儿多样化的户外游戏需要。

总体而言，幼儿园场地的材质要考虑到硬质与软质、人工与自然、一般与特殊等因素的协调。

三、场地设计

户外游戏场地不仅仅是在户外开阔的空间里随意摆放一些游戏设施的空地，而应该是有结构、有规划的，并针对不同的游戏区域合理安放相应的材料和器械。按结构功能来划分，户外场地可分为集体运动场、大型组合运动器械区、玩沙玩水区、种植养殖区、自然区、投掷区、攀爬区、美工涂画区、角色游戏与表演游戏区、游戏小屋、车道等区域。当然，并不是要求每个幼儿园都要有这些区域，有些功能区也可以共用场地，但确实要考虑到幼儿多方面的游戏需求。

场地要富于变化，这是场地设计的基本原则。比如，草地可安排一定的坡度，这样孩子在奔跑时可以锻炼平衡力。集体运动场应该是平坦的，不能有太大的变化，但可以开辟一小块地盘，比如将生活中的砖地、碎石子地、木条地、鹅卵石地、水泥地等以一小块一小块的形式，集中点缀在一起。

另外，富于变化、多功能的户外场地并不是用来展示的，而要实际发挥场地的游戏用途。比如玩沙玩水区，这是孩子非常喜欢的，对这些场地就要注意维护。种植区、自然区不仅仅是为了点缀，更是为了让孩子更好地观察自然。

城市幼儿园户外场地的空间往往很紧张，有些幼儿园利用屋顶平台作为户外场地，这不失为一种比较好的利用方式。但一定要考虑安全问题，可在屋顶游戏场地设置高栏杆或防护网，还应设置遮阴和挡风设施，如伞亭，廊架等。

四、大型器械

安置在户外场地的大型游戏器械一般分为单一功能的器械和多功能组合器械。单一功能的器械有滑梯、跷跷板、秋千、攀登架等，一般用来引发幼儿进行运动机能性的游戏，以平行游戏为主，对儿童的肌肉和大动作的发育和发展比较有利。但目前户外场地的器械一般以组合器械为主，将多种功能（攀爬、攀登、钻爬、滑梯、阶梯）的器械组合在一起，不仅可以满足孩子多方面的运动需要，而且可以进行一些具有情节的想象性游戏，可以多个孩子在一起合作着玩。很明显，多功能组合器械无论是在游戏情节的丰富程度上，还是在愉悦功能上都具有较高的价值。

有些大型器械还可以与某些功能场地结合起来，使游戏具有更丰富的意义。比如将一个大型组合器械放置在沙地上，这会给幼儿带来新的乐趣。孩子可以在高处用绳子将装满沙子的小桶往上拽，将一桶沙从滑梯上倒下来；孩子从高处往沙地上跳……这都是充满新奇的游戏。

除固定安置的大型游戏器械以外，还可放置一定数量可移动的多功能游戏器材，比如轮胎、纸箱、木条等。可以让幼儿自由组合，任意想象，你会发现幼儿非凡的想象力。

五、园外场地

场地紧张的幼儿园，也可考虑充分利用临近的园外场地。比如单位附属的幼儿园，可以充分利用本单位的空余场地，特别是像高校有广阔的空地、绿地、操场等；城市小区的配套幼儿园，可以充分利用小区或社区的公共设施；公园附近的幼儿园，可以将公园变成幼儿的游戏场所；农村幼儿园更是可以利用得天独厚的自然条件，把户外场地扩大到广阔的田野等。在利用园外场地组织游戏时一定要注意安全。

案例 上海市青浦区朵朵幼儿园户外场地平面图

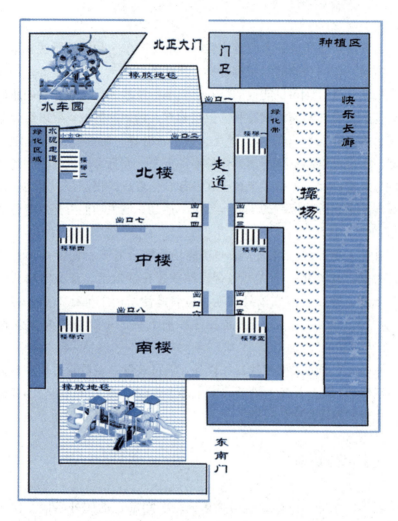

分析：

　　该幼儿园占地面积 6600 平方米，建筑面积 6050 平方米，规模为 15 个班。户外场地虽然不集中，但得到了有效的利用。功能区的划分鲜明，具有多样性，场地的材质不同，长廊的设计独特。以班级为单位的户外活动能得到保证，缺点是大块场地不够，孩子的户外活动可能会受限制。

延伸与讨论

反思你所在幼儿园的户外游戏场地设计及户外游戏组织，画出平面图并分析，与同伴交流。思考：你对户外游戏的开展是否有顾虑？如何让幼儿在户外既玩得快乐又安全？

（合肥幼儿师范高等专科学校　张亚军）

2. 室内游戏空间安排

根据《幼儿园工作规程》，正常情况下，幼儿每日户外活动的时间应不少于2小时，其余时间在室内活动。幼儿园以游戏为基本活动形式，多数游戏是在室内开展的。因此，室内游戏空间的合理安排显得尤为必要。

一、室内场地面积

幼儿园活动室不同于小学教室，小学教室主要是学习的场所，而幼儿园活动室是孩子生活、游戏、学习的综合活动场所，在材料、设施、设备等方面更加丰富而复杂，这首先就对室内空间的大小提出了要求。

按照规范，幼儿园活动室的面积应不少于50平方米。现实中，有不少幼儿园的午睡室与活动室是共用的，这样的活动室面积一般不应小于80平方米。本着节约的原则，床铺最好是可移动的，这样，午睡之外可腾出空间。这里指的是符合规范的班级规模，现实中一些幼儿园的班级规模可能过大。另外，现有的室内空间面积规范标准也是多年前制定的。所以，活动室的面积应该尽可能大，这样才可能满足室内游戏的需要。

二、室内空间利用

一般而言，室内空间的安排不是固定的，而是根据活动及游戏的需要适时调整。因此，室内空间应该是开放的。安静的桌面游戏或没有过多身体活动的游戏，幼儿可以在桌面或固定的座位上开展，但各组之间的通道要畅通，每个幼儿要有充分的空间，以免拥挤和相互干扰。桌椅的摆放未必就是整齐划一的，可以呈弧形或交错，这样可以把整个室内空间充分利用起来。

更多的时候，游戏需要一定的活动范围。虽然这类游戏最好在户外开展，但在户外会受到天气等因素的限制。这就要求活动室有较大的空间，以满足集体游戏的需要，必要的时候，可以把桌椅等集中放置，腾出大片空间。当这类游戏需要分组进行而不互相影响时，可以对空间进行适当分隔。需要注意的是，室内不适合奔跑，可供孩子奔跑嬉戏的室内空间布置可能适得其反。

室内空间毕竟是有限的，而幼儿又大多在室内活动，所以要学会充分利用空间。最重要的是，不要觉得频繁变动空间很麻烦，而应把幼儿活动及游戏的自由作为空间安排的首要考虑因素。在空间适宜的情况下，再精心投放材料及合理组织，这样幼儿在室内也能玩得开心。

室内空间的分隔有诸多的可能，要因时因地而异。许多活动室都是沿教室边角布置不同的游戏场景，供幼儿以小组的方式开展区域活动。还有一些幼儿园，完全把活动室布置成了温馨的具有居家氛围的游戏场。

三、室外空间利用

实际上，班级活动及游戏的地盘不仅限于室内，幼儿园教师要善于利用空间。走廊、门厅、过道、阳台、楼梯拐角，甚至午睡室、盥洗室等，凡是可以利用的空间，几乎都会被教师加以巧妙利用。有些幼儿园更是开辟了专门的游戏活动室，供幼儿开展活动。这些都是值得大力提倡的做法。许多幼儿园的游戏区角都是"见缝插针"地设在室外某个专属的领地，体现了对空间的巧妙利用。

四、区域空间

室内游戏常以区域活动的方式开展，这是幼儿园活动组织的一种理想的方式，充分体现了幼儿在活动中的选择性、自主性。区域活动的本质是根据功能布置不同的活动区域，让幼儿有一定的选择权，从而更好地满足幼儿的兴趣；每个区域的空间有限，决定了区域活动一般以小组的形式开展，这有利于同伴间的深入交往；每个区域的功能明确，材料投放适当，使得活动在有限预设的基础上有多种生成可能。

　　根据功能的不同，室内区域可以分为角色区、建构区、表演区、科学区、美工区、阅读区、益智区等。当然，由于室内空间有限，这些区域并不一定要同时具备，可以根据孩子的兴趣适时调整。为了让孩子积累更加丰富的活动经验，要尽可能提供不同功能的区域，而不是同质性的区域。比如我们在活动室里布置了娃娃家、商店、医院等不同的区域，似乎比较丰富，但从功能上看，都属于角色区。就角色区而言，可以在一个专门的区域里不断地变换场景，以满足游戏的需要。区域设置很难周全，动态的调整可以弥补这样的缺陷。

<h3 style="text-align:center">案例　幼儿园室内空间设计图</h3>

分析：

　　上面两幅图中的幼儿园活动室很宽敞，采用开放式或间隔式的布置，空出大片的中央区域或宽敞的过道，沿墙或角落提供了小片区域空间，既满足了幼儿较大空间游戏的需要，也满足了幼儿较小空间游戏的需要。

分析：

　　左图利用了活动室具有阁楼的空间布局，通过合理布置，能让孩子产生新奇的游戏体验。右图对室外走廊空间的利用，弥补了室内空间的局限。

分析：

左图是区域中娃娃家的布置，场景温馨，材料丰富，缺点是多为成品材料的，废旧材料及自然材料的基本没有，限制了幼儿游戏中的想象力。右图是一所乡镇中心园的活动室布局，虽然设施不错，但属于典型的小学教室布局，必然会限制孩子游戏的机会。

延伸与讨论

　　1. 反思你班的室内空间设计及游戏组织，画出平面图并做分析，向同伴介绍并交流。

　　2. 你班的室内空间安排经常调整吗？这种调整有必要吗？请与同伴相互研讨。

　　3. 区域活动在你班的室内活动中具有何种地位？你觉得区域设计及此类活动开展的价值与困难何在？

（合肥幼儿师范高等专科学校　张亚军）

3. 游戏时间的安排

"以游戏为基本活动"明确了游戏在幼儿园一日活动中的地位，也意味着必须保证幼儿充足的游戏时间。但在现行的幼儿园课程中，还不同程度地存在着忽视游戏、自发游戏少、游戏流于形式、游戏的机会和时间不足等问题。因此，必须根据幼儿的年龄差异、游戏特色、季节变化等因素，合理、科学地安排幼儿的游戏时间，这样才能满足幼儿的身心需要，确保幼儿游戏的时间。

一、根据幼儿的年龄差异把握游戏时间

幼儿游戏的次数和时间要根据幼儿的年龄差异进行把握，一次游戏的时间随幼儿年龄的增加而增加。小班幼儿年龄小，经验少，一次游戏的时间不宜过长，在一日生活的各个环节可分段安排多次游戏，以满足幼儿的需要；中大班幼儿一次游戏的时间可逐步延长，在一日生活中可相对集中安排。

小班幼儿游戏时间随机性强，可组织幼儿陆续、各自进行游戏。中大班幼儿已具备初步的合作意识，可进行集体、合作游戏，并加入竞赛性游戏。

在体能游戏中注意根据幼儿的运动量适时调整游戏时间，防止因运动过量而造成幼儿身体不必要的隐性损伤，也避免因运动量不够而达不到锻炼的目的。

二、合理分配公共活动场地的游戏时间

不少幼儿园班额大，公共活动场地的人均活动面积小，统一的作息

制度造成了园内公共活动场地在某一时间段幼儿游戏人数过于集中，而其他时间则很少利用的局面。

因此，应将幼儿园游戏活动时间的安排纳入日常管理中，根据班级数额，科学合理地利用公共资源和空间场地，统一调配游戏时间，使游戏活动开展常规化、制度化。把公开区域划分为草地、操场、玩沙区、玩水区、公共走廊、楼顶平台等，最大化地利用公共活动场地，同时制定全园轮班游戏时间表，让幼儿在充裕的游戏时间内尽情地玩耍，让幼儿园真正成为幼儿游戏的乐园。

除活动时间统一安排外，应给老师更多的权利，让他们根据班级的情况、课程内容，灵活调整游戏时间，确保幼儿真正拥有快乐的游戏活动。还要利用班级区域活动场所，开展各类游戏活动，以减轻幼儿园公共场地时间调配的压力。有条件的幼儿园可以开辟专用游戏室，制定班级游戏时间表，实行轮班游戏制度，保证每一个幼儿参与游戏的机会。

三、一日活动中分段安排游戏时间

一日生活中有许多零散的时间，如离园前、午餐前后、课间休息等时间段。在这些时候，幼儿处于放松、自由的状态，教师要灵活穿插一些游戏，把握游戏时间，选择一些不受时间、场地、人数限制的游戏，让幼儿的一日生活充实、有趣。

课间活动时间短，可根据上课内容选择小游戏让幼儿放松心情，起到动静交替的作用；还可开展自选体能游戏与区角游戏，这便于幼儿随时加入游戏中。

要给幼儿提供安静、愉快的进餐氛围，在餐前这短短的时间里，可安排一些能锻炼幼儿小肌肉群的手指游戏，这样既能稳定幼儿的情绪，又能让幼儿带着愉快的心情进餐。

利用入园时间、饭后时间，把幼儿的目光引向大自然，引导幼儿观察花和草，用眼睛去发现大自然的奥秘，享受其中的快乐。

四、随季节变化调整游戏时间

在我国多数地方秋冬季上午十点半左右是最佳游戏时段，应选择一些体能大的游戏活动，同时尽量分散班级。

夏季避开太阳直射的时间段，每次游戏的时间不宜超过半小时，不要选择一些活动量过大的游戏，教师要根据幼儿身体的情况及时调整游戏时间，避免发生中暑。

案例 ×××幼儿园作息时间表

小班		中班		大班	
7:30	游戏与生活	7:30	游戏与生活	7:30	运动与生活
	自由游戏、盥洗、点心、整理		自由游戏、盥洗、点心、整理		早操、体育游戏、整理、盥洗
9:20	学习（集体）	9:20	运动与生活	9:20	学习（集体）
9:50	运动与生活		早操、体育、游戏、整理	9:50	自由游戏
	早操、体育游戏、整理、休息	10:00	学习（集体）		
10:25	自由游戏	10:30	自由游戏		
10:50	生活	10:50	生活	11:00	生活
	盥洗、午餐、午睡、起床整理		盥洗、午餐、午睡、起床整理		盥洗、午餐、午睡、起床整理
14:45	运动（自选）	14:40	运动（自选）	14:30	运动（自选）
15:15	生活（盥洗、点心）	15:10	生活（盥洗、点心）	15:00	生活（盥洗、点心）
15:25	学习（区角）	15:30	学习（区角）	15:20	学习（区角）
16:00	整理、离园	16:00	整理、离园	16:00	整理、离园

分析：

小、中班幼儿上午7:30—9:20为自由游戏时间，除去生活环节时间，能保证游戏时间1小时以上，再加上10:25—10:50的自由游戏时间，共计1.5小时左右。大班自由游戏时间从上午9:50至11:00，也有1个小时以上。

低年龄幼儿的游戏时间相对长一些，分两段进行，高年龄幼儿的游戏时间相对少一些，但单位时间长。

各年龄段幼儿都有1小时左右的户外体育活动时间（包括体育游戏），并分两段进行，室内户外活动交替。

从一日活动的自由、自主程度来看，各年龄段幼儿除自由游戏以外，下午都各有30分钟的自选体育活动和自主区角活动。

[案例来源：朱家雄主编，《学前教育教师参考用书：游戏活动(3—6岁)(试用本)》，上海教育出版社2002年版，第43—44页，略有改动]

延伸与讨论

　　幼儿园一日活动包括各个环节，各个环节的时间往往是既定的，确实会经常发生孩子游戏还未尽兴就转到下一环节的情况，并且也不大可能为了满足个别孩子的游戏需求而调整作息时间，那么该如何处理这个矛盾？结合工作实际谈谈你的看法。

（安徽省政府机关幼儿园　王文红）

4. 游戏的观察与记录

在游戏中儿童是主人，教师是游戏环境的创设者、游戏过程的观察者。教师在游戏中要进行必要的观察、记录，这是了解儿童、组织和指导游戏的前提。

一、做一个静静的观察者——不贸然干预

在游戏活动中，幼儿的行为多种多样，教师要仔细观察、记录和分析，要引导幼儿不断探索和实践，不断获得新的感受和体验。

教师可在一旁先观察幼儿游戏，并记录他们游戏的全过程。当他们遇到问题需要帮助的时候及时给予适当的引导，并鼓励幼儿自己想出解决办法。教师要及时记录，日后可以就存在的问题和幼儿或老师们一起分析解决。

教师的观察可以分为两种：一是随机观察，在幼儿晨间活动、户外活动或自主游戏时，教师可以根据游戏的内容观察并记录。教师通过这种随机观察，往往会发现许多大人所想不到的游戏内容和方法。二是有目的的观察，主要是根据事先设定的幼儿各种行为的发展水平指标，有针对性地观察、记录，进而因材施教。

二、做一个科学的记录者——深入了解游戏

教师的记录要科学客观，以便深入了解游戏。

例如，我们可以用一种表格来记录，根据事先设定的幼儿各种行为

指标进行有针对性的观察。教师只要根据观察情况在表格内打钩或简单记录即可。

大四班幼儿"赶小猪"游戏观察记录表

幼儿性别	独木桥	钻山洞	打泥滚	小猪家
男生	全　过	8人通过	全　过	到　达
女生	全　过	全　过	12人通过	到　达

从观察记录表中可以一目了然地发现，游戏时男生和女生都有强项和不足之处。在游戏结束后可以和幼儿一起观看图表并分析。

教师还可以用摄像机、照相机记录幼儿游戏的全过程，游戏结束后可以播放出来供幼儿观看，讨论游戏中遇到的问题并想出解决办法。比如，大班的幼儿在玩社会性区域游戏"乖乖兔鞋店"时，教师就可以用摄像机将幼儿卖鞋和买鞋的过程拍下来，在游戏结束后播放给幼儿看，让他们说说哪些环节值得表扬，哪些"服务"需要改进。

还有描述式记录。教师可将幼儿的行为表现用文字客观地记录下来，但是教师难以在带班的同时做详尽的现场记录，完全靠脑子记，信息容易流失。为了既快速又高效地记录，教师可以随身带着便条纸和笔，现场只记幼儿的行为要点，用一些小符号或者小标记记录游戏的过程，事后再通过回忆加以整理，写出完整的观察记录并分析。区域游戏，特别适合教师用这种方法观察记录。

三、做一个准确的判断者——支持、推动与干预

教师在幼儿游戏时仔细观察记录，游戏结束后，可以和幼儿一起分析刚才游戏中存在的问题，让幼儿先提出解决办法，并对他们有特色的做法给予支持和鼓励。

教师还可以针对幼儿游戏时存在的问题，在园内进行研讨，共同分析问题，并细心、虚心、真心听取老师们的意见。例如，小班幼儿刚开始进行角色游戏"娃娃家"时，教师观察到幼儿只是简单地给布娃娃喝喝水，抱抱布娃娃，玩几次就不感兴趣了，将玩具丢到一边了。教师经

过观察、记录、分析，结合幼儿的年龄特点和生活习惯，和年级组教师共同研讨，寻求解决办法，最终设计出不同的功能房间：客厅、卧室、卫生间（洗衣房）、厨房……厨房里有"灶台"、"微波炉"、"电冰箱"、"餐桌"、"餐椅"，客厅里有"沙发"、"茶几"、"电视机"，卧室里有"床"和"梳妆台"……这样的游戏幼儿百玩不厌。幼儿会将每天家里发生的事情，放在游戏中去实践，这符合幼儿的年龄特点。幼儿共同协商，确定角色。娃娃家里就不再只是爸爸妈妈和宝宝了，多了爷爷奶奶。有时还会有别的角色出现，如舅舅、小姨、姑姑、叔叔等。然后幼儿会根据自己的喜好认真担任角色，通过角色体验，将探究的结果转化为自己的生活经验和智慧。

教师通过观察记录不仅了解了孩子，也提高了自己。教师在观察幼儿游戏行为时要抱有欣赏的心态，在记录、分析幼儿游戏行为时，要持有客观和研究的态度。游戏中幼儿是主人，教师应该是游戏环境的创设者、游戏过程的观察者、游戏进展的支持者。其目的是了解幼儿现有的发展状况、个别差异和发展趋势，推进游戏的深入开展。

案例 "乖乖兔鞋店"的诞生之旅

教师从幼儿的对话中了解到他们近期对鞋子很感兴趣，特别是对于鞋子的码数意见不一致。教师通过观察发现幼儿鞋子上的码数分欧码和中国码，两种码标得不一样，幼儿也分不清楚。于是教师分析：可以引导幼儿借助身边适合测量的工具，来测量鞋子的码数。幼儿对第一次使用测量工具测量鞋码充满了好奇，于是教师就据此生成了一节科学课——"教幼儿测量"。"乖乖兔鞋店"开张后，幼儿开始设计鞋子，教师观察到幼儿虽然懂得测量，但是按照码数做出来的鞋却小了，幼儿很疑惑。教师仔细观察，发现问题并记录，然后和幼儿一起讨论、分析，让幼儿自己摸索解决，后来幼儿发现粘接鞋子时鞋头都要占去一定的空间，所以鞋子变小了。该如何解决这个问题呢？幼儿经过反复试验，总结出：在量鞋时将小手指放在鞋底的前端，加长一个小手指的宽度，这样做出来的鞋穿在脚上就会非常合适。

教师为幼儿的游戏过程做了一个活动顺序记录图，无形中指导孩子更好地玩这个游戏：可苑银行（取钱去鞋店买鞋）—乖乖兔鞋店—鞋架展区（选适合的款式）—量鞋码，确定鞋号，取鞋—收银台付款（若顾客所需要鞋的款式或者码不全，还要去制鞋区定做）。

延伸与讨论

　　游戏中教师观察、记录的目的是什么？如何观察记录，有没有比较简便可行的方法？

（安徽省合肥市林旭幼育幼儿园　芦　静）

5. 游戏中的教师介入

　　游戏是自由、自主、自发的活动，但这并不意味着教师可以放任不管。如何在游戏中发挥教师的作用，把握好"度"，是指导游戏的关键所在。因此，教师何时需要介入、介入到何种程度值得深入探讨和研究。

一、"老师，你来帮帮我吧"

　　美工区里，几名"汽车美容师"正在给"汽车"美容。这里的"汽车"都是小朋友用纸盒自制的。明明在给"汽车"美容时，不小心把"汽车"弄坏了。只见他尝试着修理了一会儿，可是没有成功，于是他走到老师跟前说："王老师，我不小心把这个地方搞掉了，怎么办？"王老师看了看，想让他自己解决，说道："你试着用胶水把它粘上。"由于连接处的管子比较细，明明尝试了几次都没有修好，他只好再次向老师求助："我还是弄不上去，老师，你来帮帮我吧。""是吗？好吧，我来试一试。"王老师接过明明手里的"汽车"，帮他修好了。明明高兴极了，笑着说："谢谢老师！"

　　如果游戏中出现了问题，孩子自己又无法解决而向老师寻求帮助，老师可以适时介入，给予孩子一定的指导和帮助，使游戏继续进行。总结多年的游戏指导经验，我认为在以下几种情况下需要老师介入：幼儿缺少材料，游戏无法继续进行时；幼儿与同伴产生矛盾，难以沟通互动时；幼儿一再重复自己原有的游戏行为，不能进一步延伸和扩展游戏情节时；幼儿不能进入游戏情境时；游戏中幼儿出现不安全因素或者过激行为时。总而言之，幼儿有需要的时候，就是教师介入的适宜时机。

二、"欢迎来到'长丰土菜馆'"

今天的"长丰土菜馆"可真热闹，来了许多"客人"。在等待区，一位"客人"一边看书一边等位子，可是当有空位子时，"服务员"都在忙别的，没人告诉他。这时，教师扮演领班的角色介入游戏，走过去对他说："你好，欢迎来到'长丰土菜馆'。一号桌有空位了，请跟我来。"过了一会儿，教师发现有位"客人"坐在那里很久了却没有人给他点菜，于是教师扮演领班走过去提醒"服务员"："三号桌要点餐了。""服务员"赶紧拿着菜单给"客人"点餐。

此次游戏的角色分工不明确，使得"土菜馆"里有点乱。教师发现问题后，及时添加了一个角色——领班，在教师的介入下，"土菜馆"变得井然有序了。当幼儿希望教师参与或教师认为有指导的必要时，由幼儿邀请教师担任游戏中的某一角色或教师自己扮演一个角色进入游戏，通过角色间的互动，起到指导幼儿游戏的作用，称之为交叉式介入。

教师介入幼儿游戏通常有三种方式，即平行介入、交叉介入、垂直介入。平行式介入法：教师和幼儿玩相同或不同材料的游戏，目的在于引导幼儿模仿，教师起着暗示指导的作用；垂直介入法：幼儿在游戏中出现严重违反规则或攻击行为时，教师直接介入游戏，对幼儿的行为进行直接干预。如在游戏当中，幼儿因争抢玩具而发生打骂，或者是玩一些带有"暴力"内容的游戏，教师应直接干预，加以引导。

三、游戏中的语言与行为指导

不管以何种方式介入游戏，目的都是对幼儿的游戏行为作出具体的指导。指导的方法分为语言指导和行为指导。

在"娃娃家"游戏中，"咪咪"的爸爸和妈妈打打闹闹，家里被弄得乱七八糟。这时，教师故意拿起"电话"打到他们家，说自己要去做客。接过电话后，"妈妈"赶紧对"爸爸"说："我们家要来客人了，快把东西收好。"于是，幼儿又重新回到游戏当中。在这里，教师采用了语言指导的方法。语言指导可以通过提问、语言提示、鼓励与表扬等方法进行。

行为指导包括身体语言和动作示范。身体语言就是教师在指导游戏时，利用动作、表情、眼神等对幼儿的游戏行为作出反馈。例如，对幼儿在游戏中所表现出的创造性行为，用点头、赞许的目光、欣喜的表情甚至拍手等表示肯定；对幼儿不遵守游戏规则或一些需要制止的行为，可用手势、摇头或面部表情等表示否定。动作示范就是教师给幼儿做适当的示范、讲解，帮助他们掌握玩法，理解并掌握规则。

总而言之，教师指导游戏就需要介入到游戏中去，教师的介入指导是开放的，要把握恰当的时机和度，千万不能喧宾夺主。

案例　"娃娃家"

小班的"娃娃家"游戏开始了，今天的"娃娃家"里增添了客人的角色。家伟扮演的是"爸爸"，格格扮演的是"妈妈"，鑫沅扮演的是"宝宝"，子硕是"客人"。子硕走到"娃娃家"门口，摇了摇门铃，这时家伟和格格一起走来："欢迎你到我们家来做客，请进。"说着就把子硕领了进去。家伟让子硕坐下来，格格给子硕倒水喝，鑫沅把布娃娃抱过去给子硕玩。看得出来，他们玩得很投入。可是，过了一会儿，我发现"娃娃家"里，"爸爸"在玩电脑，"妈妈"在烧饭，"宝宝"在哄娃娃睡觉，"客人"独自坐在桌子边，什么也不做。咦，他们怎么把客人放在一边不管了呢！于是，我决定以客人的身份介入游戏。

"有人在家吗？"我一边摇铃一边喊道。"噢，来了！"鑫沅第一个跑过来给我开门。看到子硕，我故意很惊喜地说道："哟，子硕，你也到他们家来做客了。你们在干什么？"鑫沅说："我在哄娃娃睡觉呢。"家伟说："我在玩电脑。"格格说："我在烧饭。""咦，子硕是客人，你们怎么没有陪客人呢？"他们互相看看，没人说话。我看看子硕，又看看家伟："我们和你一起玩电脑，好吗？""好。"鑫沅说："你们可以和我一起哄娃娃睡觉。"格格说："我的饭马上就烧好了，等会儿你们再吃饭。"

分析：

在这个案例里，教师根据游戏需要以客人的角色介入幼儿的游戏，并进行指导。小班的孩子生活经验不够丰富，角色意识也不强，需要老师帮助他们不断地拓展和提升游戏内容与经验，以增强他们的角色意识和角色认知，进而提高他们的游戏水平与交往能力。教师要对游戏进行全面的调控，当幼儿不需要教师指导时，教师可以在一旁观察，一旦幼儿需要帮助，教师可以灵活地介入指导。

延伸与讨论

    1. "我的游戏我做主！"真正的游戏就是要让幼儿当家做主，充分发挥幼儿的主体性、创造性。请反思在组织幼儿游戏时，你的介入方式、方法是否适宜。

    2. 在教师介入的时机问题上，你还有什么困惑？请举例说明并展开讨论。

（安徽省合肥市双岗幼儿园　张庆云）

6. 创造性游戏的指导

幼儿天性爱玩好动，挖掘幼儿创造性游戏的发展空间，给予孩子适当的帮助和引导，可从以下方面入手。

一、为幼儿创造性游戏创造条件

1. 帮助幼儿积累经验

丰富的生活经验是幼儿游戏的基础，幼儿懂得越多，生活内容越丰富，游戏主题就越新颖，游戏内容就越充实。我们要利用一切可以利用的资源，扩展孩子的视野，帮助孩子积累生活经验。如孩子在玩"三千丝美发屋"的游戏前，我们和幼儿一起参观了幼儿园附近的理发店，幼儿看到理发师有礼貌地接待客人，熟练地运用理发工具，认真细致地为顾客服务，深受启发，这为游戏的开展打下了坚实的基础。

2. 提供充足适宜的游戏材料

成品玩具色彩鲜艳、形象逼真，但为幼儿提供的想象空间较小。因此，在材料的提供上，教师应尽量以半成品为主，让幼儿动手制作游戏中所需的物品。如"园园糖果屋"游戏中，教师提供了大小不一的泡沫板、各色礼品纸、金丝箔、丝带。幼儿运用切、包、扭、扎等技能技巧，方能做成色彩各异的糖果，这比提供成品更能激发幼儿的积极性和创造性。幼儿不厌其烦地操作，快乐无比。

3. 创设有趣味的游戏环境

首先应该创设能满足同伴间交往的环境，如娃娃家、医院、超市、邮局等，投放的材料要特征鲜明、形象生动，使幼儿一来到这里就想开展某种游戏。比如，教师在角色区放上听诊器、白大褂、药箱，幼儿进入这个环境后，几个人一商量，就玩起了医院的游戏。游戏吸引了更多的孩子参与，于是游戏的内容得到了扩展，出现了爸爸妈妈带孩子去医院的情景，孩子病情严重需要住院，因此又开设了住院部，增设了查房医生和护士等角色。

二、创造性游戏的介入指导

1. 允许幼儿自由选择

幼儿只有选择自己感兴趣的游戏，才会真正快乐。教师在组织开展游戏前，可以观察孩子在日常活动中的表现，如喜欢什么样的游戏主题、内容和玩具材料，近期对什么感兴趣，通常和谁一起玩等。教师根据自己的观察和了解，鼓励幼儿大胆地选择自己感兴趣的游戏，从而获得自由选择的快乐。

2. 坚持分层次指导

不同的年龄段，幼儿游戏发展的层次水平各不相同，如小班孩子的角色游戏以模仿为主，大班孩子的角色游戏以创造为主。教师应针对不同的年龄段选择不同的侧重点，让孩子获得最大程度的发展。

3. 适时介入

对幼儿游戏，教师少干预是正确的，但少干预不代表可以做"甩手掌柜"，教师要注意时刻观察孩子在游戏中的反应和表现，对幼儿进行随机指导。教师以游戏角色的身份参与到游戏中，不仅可以丰富角色的内容和情节，还可以帮助那些胆小、能力弱的孩子增强角色意识，让他们获得成功的体验和游戏的乐趣。所以，教师适当的介入和指导是有必要的，但要把握好分寸。

4. 及时调整游戏的角色

由于幼儿的自我调节能力较差，他们在游戏中往往长时间充当一种角色，不知道适当调整一下角色。如"运输工人"在工地长时间劳作，累得满头大汗，这时教师可提醒幼儿及时调整角色，让这名幼儿换个工作。

三、培养幼儿解决问题的能力

1. 健全游戏规则

在充分发挥幼儿自主性的同时，还必须建立一定的游戏规则，这样幼儿才能学会控制情绪，形成良好的行为习惯。当然，规则的提出要符合幼儿的需要和接受能力，如果幼儿认为规则是可以理解和接受的，他们就会遵守。如在游戏中，欣仪想当"理发师"，她来到"理发店"后，发现已经有两位小朋友挂上了"理发师"的角色胸牌，于是她毫不犹豫地离开了"理发店"，来到"快餐店"做起了"服务员"。这里的角色胸牌具有潜在约束性，欣仪遵守游戏规则，没有与他人去争抢"理发师"这一角色，避免了小朋友间的纠纷。

2. 学会自己解决问题

孩子在游戏中很容易出现过激行为或不安全倾向，如有些幼儿为了争演角色、争夺玩具而打起来，有些幼儿专门干扰别人游戏，破坏别人的玩具。除教师介入阻止并加以协调外，还可以让孩子学会自己解决问题。因此，可增加一个管委会，游戏过程中出现的问题都可以通过管委会加以解决，孩子自主管理，自己解决所出现的问题。

四、游戏的评价

进行游戏评价时，教师不应是评判者，而应是倾听者。

1. 主动参与

教师的真诚态度，能促使幼儿把自己的真情实感表达出来。教师的主动倾听，有利于把握幼儿在游戏中的所思所想，真正做到走近幼儿，读懂他们的心声。

2. 正面评议

让幼儿谈论他人在游戏过程中的表现，如谈谈谁今天工作最认真负责，谁的表现与众不同，谁遇到问题时想出的办法最好，让幼儿不断寻找他人及自己的闪光点，为下一次更好地游戏打下基础。

3. 观摩示范

游戏结束后，可以请在游戏中有突出表现的孩子当场示范，大家取长补短，鼓励其他幼儿在此基础上进行再创造，拓展游戏的内容。

案例　变戏法——平行游戏示范

容容（2岁6个月）用手从一大团橡皮泥上拽了一小块，放在手心里搓，不一会儿就变成了一长条，她继续搓着，长条断了。她又拽了一块，还是那样搓，搓着搓着又断了，桌上已经有了好几段长条。容容把这些长条放在一起，东张西望。

教师坐到容容的旁边，也拽了一块橡皮泥开始搓。容容看到教师来玩，显得很高兴。教师先搓了一长条，然后说："我要变戏法了。"把长条的两头接起来。容容说："变成圈圈了。"教师又把圈圈交叉成8字形。容容说："两个圈圈。"接着教师又变了一个花样，容容高兴地说："一只小鸟。"教师离开时，问容容："你会变吗?"

容容又开始搓长条了，这次她在长条的基础上变起了花样。一会儿说是虫，一会儿说是娃娃，一会儿说是奶瓶，还变了个苹果。尽管看上去四不像，但是她很得意。

分析：

开始容容只是反复无意识地搓着橡皮泥，她的精细动作已使她能顺利地搓出长条，但整个过程似乎没有目的，没有想象。当她感到厌倦而毁掉自己的成果时，教师立即介入了。很明显，教师的介入目的是想在容容原有水平上提出新的要求，引发她通过想象将原来的成果作为素材而进行简单的造型。教师的引导机智在于，她不是直接要求容容怎么做，而是以平行游戏的方式，为她做出游戏的示范，将进一步游戏的建议暗示给了容容，至于容容是否接受，那就由她的兴趣和接受水平决定了。教师的这个指导行为有三点值得肯定：一是体现了对幼儿的尊重（教师的要求不是显性的）；二是考虑到了年龄特征（行为示范对 2 岁幼儿是必要的）；三是新要求建立在原有经验基础上（用幼儿能够搓出的长条作为造型素材）。

［案例来源：朱家雄主编，《学前教育教师参考用书：游戏活动（3—6岁）（试用本)》，上海教育出版社 2002 年版，第 72—73 页］

延伸与讨论

　　创造性游戏，从名称上就可以看出最重要的是发挥游戏的创造功能，但教师的指导很容易变成干预，那么，如何把握指导的度，真正使幼儿成为创造性游戏的主体，发挥游戏的创造性功能呢？

（安徽省合肥市林旭幼育幼儿园　李　园）

7. 规则游戏的组织指导

规则游戏是与创造性游戏并列的游戏类型。随着幼儿年龄的增长，玩规则游戏的频率逐渐增加。规则游戏深受幼儿的喜爱，它是由成人或成人与儿童共同创编，具有较为明确的任务和要求，由两个或两个以上的孩子在一起，按照一定规则进行并带有一定竞赛性的游戏活动。

一、规则游戏的种类和功能

幼儿园的规则游戏主要包括智力游戏、体育游戏和音乐游戏。

1. 智力游戏

智力游戏是以智力活动为基础，将学习因素与游戏形式紧密结合起来，使幼儿在愉快的游戏中复习和运用已有的知识和经验的一种有规则的游戏，如棋类游戏、比较异同游戏、分类游戏、推理游戏、语言和计算游戏等。

2. 体育游戏

体育游戏是指以各种基本动作为主要内容，以促进身体发育和技能协调发展为目的的一种有规则的游戏，具有娱乐性和竞赛性的特点，如竞赛性游戏、躲闪性游戏、球类游戏和民间体育游戏等。

3. 音乐游戏

音乐游戏是在音乐伴奏下进行的游戏。游戏动作要符合音乐的内容、性质、节奏、节拍以及力度、速度的变化，能够按照音乐的结构开始、改变及结束等，是一种融音乐节奏、生活情趣于一体的娱乐活动。

规则游戏对幼儿的发展有着极其重要的作用。一是有利于幼儿建立初步的规则意识，为幼儿今后遵守社会准则和道德规范打下良好的基础。二是有利于幼儿养成良好的竞争意识，动态的输赢会不断刺激他们继续游戏的愿望。三是有利于幼儿养成良好的社会性品质，幼儿在游戏时间内要对自己有一定的要求，懂得克制、观察，多思考，集中注意力，遵守游戏规则等。四是有利于幼儿充分享受成长的快乐，幼儿在游戏中会不断获得新的挑战机会，并通过自己的努力和方式获得新的经验和成功。

二、规则游戏的结构

规则游戏主要由游戏的任务、玩法、规则和结果四要素组成。四要素相互联系，密不可分。

1. 游戏任务

规则游戏必须有一定的任务，包括帮助幼儿复习巩固已有的知识经验，发展幼儿听辨、判断、分析、合作和自控等能力。

2. 游戏玩法

游戏玩法紧紧围绕并服从游戏的任务，可由各种动作与活动的要求组成，如听、看、摸、闻、找、摆、猜、讲等。

3. 游戏规则

游戏规则是指对游戏中动作的顺序、具体要求以及被允许或被禁止的行为的规定。一般由成人或幼儿共同制定，参与者必须明确和遵守。

4. 游戏结果

游戏结果是指游戏要达到的最终目的，是游戏目的实现的评定标准。竞赛性游戏有胜负的结果。

三、规则游戏的组织与指导

1. 原则的遵循与把握

一是让幼儿获得游戏的快乐。教师在组织规则游戏时不能立足于知识性和任务性，应该凸显娱乐性、竞赛性和合作性，让幼儿感受到游戏的兴奋与激动。二是助幼儿获得成长的幸福。不仅要让幼儿感到有意思、好玩，还应该帮助幼儿获得有益于终身发展的知识经验和智慧。

2. 前期的选择与设计

一是要根据教育的任务和要求，在充分考虑幼儿已有经验的基础上，确定既符合幼儿认知规律又具有一定挑战性的任务。二是要根据不同的游戏性质及幼儿的年龄特点选择和确定合适的玩法、规则。

3. 过程的组织与指导

一是在游戏开始前，教师要通过简明生动的语言，配合适当的示范，帮助幼儿了解游戏的玩法和游戏的规则。如在组织幼儿玩"躲闪游戏"时，要让幼儿明确在什么时候必须躲，怎么躲，其他人在什么时候开始抓，怎么抓，顺着什么方向抓，在安全方面要注意什么，如果违反了规则该怎么罚等，要和幼儿共同商量并遵守。二是鼓励幼儿独立游戏，注意观察幼儿，提倡幼儿相互提醒和督促规则的遵守、维护，以保证游戏有序进行。如玩语言游戏"猜猜我是谁"时，可以让幼儿独立进行，教师充当观察者的角色。当有孩子违规告密或偷看时，教师不要急于裁决，可以让幼儿自己来发现，以体现规则是大家定的，必须由大家共同维护、遵守，体现游戏的趣味性，保证游戏正常开展。

案例　数字游戏"数字秘密大探索"

游戏材料：1—10 的数字牌。可用废旧扑克牌代替，幼儿可根据玩游戏的人数以及需要自行决定数字牌的套数。

系列活动一：

2位幼儿各拿1套1—10的数字牌，根据口令"1、2、3，出"，2位幼儿同时出牌（后出牌者视为犯规），谁出的数字牌大谁就赢得对方的牌，最后，谁得到的数字牌多谁就胜。胜利者可以刮一下对方的鼻子或摸一下对方的耳朵。游戏可以循环进行，人数可以适当增加，速度适当加快，数字牌也随之增加。奖惩方法和内容也可以由孩子自行商量决定。

系列活动二：

2位幼儿各拿1套1—10的数字牌，以猜拳的方式决定由谁先出数字牌，出牌后，对方必须出一张比它大的数字牌，如果没有或者出错（出错者需将牌取回），先出牌者继续出牌，如果有，换对方出牌，谁的牌先出完谁就赢。游戏结束后，可以分别授予"数字大王"和"数字小王"的称号（图标可以由幼儿自主设计）。

系列活动三：

在"系列活动二"的基础上，为了让多位幼儿参与游戏，规定幼儿可以按顺序依次出牌，即第二位幼儿出的牌比第一位的数字牌大（也可确定具体数字），第三位出的数字牌比第二位出的数字牌要大，依次类推，接着由最后一位出对牌的人自由出牌，游戏继续进行。谁的牌先出完谁就赢。

系列活动四：

2位幼儿各拿2套1—10的数字牌，幼儿用自己的方式决定由谁先出牌，出牌后，对方可以出2张牌，但是2张牌合起来必须等于这张牌的数字。如果没有或者出错（出错者需将牌抽回），先出牌者继续出牌，直到对方出对了牌。谁的牌先出完谁就算赢。

分析：

生活中数字无处不在，数字游戏是幼儿经常开展的规则游戏。以上就是一组数字游戏，各游戏可独立进行，也可交叉进行。

教师通过不断调整游戏的方法，唤起幼儿对游戏的兴趣，从而为幼儿打开趣味数学之门。在快乐的游戏中幼儿自然会获得有关数的经验。系列中的每一个游戏，其规则、方法以及兴奋点各有不同，由简单到复杂，由浅入深，让幼儿在合作游戏中不断获得成功的喜悦，迎接新的挑战。每一次游戏都会给幼儿带来惊喜，幼儿会因为出错一张牌而拍手顿足，会因为犯规被罚而后悔不及……对幼儿的好奇心、记忆力、观察力、分析力、判断力、忍耐性、合作性、秩序感等学习品质都起到了潜移默化的促进作用；同时，幼儿在快乐的游戏中会主动学习相关的数学知识，如数的形成、大小、相邻数、单数双数、组成分解以及简单的加减运算等，既积累了知识，又增添了智慧。

延伸与讨论

　　　　幼儿园里开展的规则游戏有哪些？不同年龄班规则游戏的开展有何不同？请结合工作实际举例说明。扑克牌还可以有哪些玩法？请与同伴共同讨论并收集整理各种有趣的玩法。

（安徽省合肥市庐阳区教体局教研室　方明惠）

8. 传统民间游戏的指导

传统民间游戏历史悠久，代代相传，这是由其较强的民众性、普及性、娱乐性决定的。但由于城市化进程的加剧，传统民间游戏在当代幼儿游戏生活中渐行渐远。无论是从文化传承的角度还是教育的角度，传统民间游戏仍有在幼儿园中开展的价值。就地取材、玩法简便的传统民间游戏是对幼儿园游戏活动的补充与扩展。传统民间游戏适当改编之后，可以发挥新的价值。

一、改编与创编

要收集和整理民间游戏，遴选出适合的游戏在幼儿园开展。要注意游戏的题材和内容，如果游戏中夹杂不文明语言或存在安全隐患，要坚决摒弃。对民间游戏要根据不同年龄段幼儿的游戏需要加以改编。比如，对锻炼孩子的平衡能力有好处的踩高跷，因其危险性较高，可以把高跷改成矮矮的小木墩，并在木墩上穿眼拴上手拉绳，绳子的长短可以根据孩子的身高自由调节，这样孩子上下自如，确保了安全性。还可针对幼儿的年龄和发展水平，结合时代特点进行创编。以踢毽子为例，幼儿的协调性较差，还不能自由踢毽子，如果我们在毽子上系上一米左右的带子，就降低了难度。熟练之后可以摘掉带子，逐步提高难度。

二、传承与拓展

幼儿园开展传统民间游戏时，要想取之精华，又不拘于娱乐性，可将其巧妙地渗透于晨间活动、自由活动中。如运用传统民间游戏"木头人", 引导幼儿在游戏中学会自控, 变教师单纯说教为幼儿自我约束, 效果明显。又如巧妙运用"石头剪刀布"的游戏规则, 帮助幼儿解决小争端, 使幼儿从中学会解决问题的方法。也可以利用节日或运动会等时机, 邀请家长参与传统民间游戏, 以增强家园联系, 提高家长参与教育的意识。还可以利用传统民间游戏易学、好玩、变通的特性, 融合艺术、体育等课程, 在日常教学活动中发挥传统民间游戏的教育作用。如结合数学活动玩"数字接龙"、"翻骨牌"等游戏, 把枯燥的数学知识融入有趣的游戏中, 这符合幼儿学习的特点; 与美工结合开展"剪窗花"、"做灯笼"等手工活动, 让幼儿接触民间传统手工, 尝试其独特的表现手法; 借助"找东西南北"、"拍手歌"、"猜拳"、"猜谜"等游戏, 巩固语言教学内容等。

案例 大班传统民间游戏"游园会"活动方案

1. 大班幼儿发展情况分析: 具备一定的走、跑、跳、平衡、钻爬、攀登等能力, 动作灵敏、协调, 有基本的规则意识、合作意识。

2. 活动宗旨: 弘扬传统民间游戏的精神, 发挥传统民间游戏的功能。

3. 活动目标:

(1) 了解并尝试传统民间游戏的玩法, 锻炼幼儿身体的协调性、灵活性、敏锐性。

(2) 喜爱传统民间游戏, 懂得遵守规则, 学会友好合作。

4. 活动内容:

大一班传统民间游戏活动一览表

游戏名称	游戏目标	材料准备	场地位置	游戏玩法
套圈	锻炼幼儿的眼力和动作的协调性	小玩具、套圈若干	教室或走廊	在规定线内用圈套玩具, 套中者为胜
挑棒子	锻炼幼儿的耐心, 发展精细动作	冰棒棍若干	教室	任意撒棒子, 用一根棒子分离其余棒子, 挑完为胜

游戏名称	游戏目标	材料准备	场地位置	游戏玩法
猜拳跨步	锻炼幼儿跨跳的能力	掌握猜拳法	走廊	猜拳胜者跨步，先到达者为胜
炒黄豆	锻炼幼儿的合作能力	熟悉游戏儿歌	任意空地	两两结伴翻转身体
拔河	锻炼幼儿的团结合作能力	绳子一根	操场	过中心标志方为胜
抢椅子	锻炼幼儿走、跑、钻、爬的能力	椅子若干	楼顶平台或音乐厅	椅子数比人数少1，未抢到者为输
两人三足（亲子活动）	锻炼合作及协调能力	绳子若干	草地	爸妈绑腿抬幼儿跑，先到达者为胜

5. 活动场地的安排：根据参与游戏的人数、游戏活动所需范围等具体情况，合理选择和划定操场、户外、楼顶平台、音乐厅等游戏场地。

6. 奖励办法：

（1）给参与的幼儿颁发鼓励证书和纪念礼物。

（2）竞技类分为一、二等奖，颁发奖品和奖状。

备注：

1. 每人进园后发一张游戏卡，每个项目需由专人盖章后方可游戏。

2. 幼儿均由家长带领参与游园活动。

3. 大班教师管理本班的游戏项目，公共场地游戏项目由小中班教师及教学行政管理人员负责。

分析与建议：

1. 针对幼儿年龄和发展水平开展游戏

根据不同年龄段选择传统民间游戏。考虑到小班幼儿理解、协调和合作能力较差的特点，可进行一些简单、两两合作的传统民间游戏。如"拍手歌"游戏，双手对拍绕圈，配上象声词"咕噜咕噜"，增加趣味性；又如"跳房子"游戏，用双脚跳，以降低游戏难度，鼓励幼儿积极参与。

中班可以在小班游戏的基础上，把双手对拍改为单手对拍，把用双脚跳改成用单脚跳，以增加游戏难度。还可开展一些如"小猫钓鱼"、"套圈"、"攀花绳"等小游戏，训练幼儿的眼力、耐力、灵敏性。大班幼儿好奇心强、好动、能力较强，可选择一些竞技性强的民间游戏，如"跳大绳"、"赶小猪"、"老鹰捉小鸡"等游戏。

2. "游园会"前熟悉游戏玩法

根据本班幼儿的特长、爱好，每班开展2—3个室内游戏项目，每班的游戏项目不能重复。全园共同开展几个竞技和亲子游戏项目，做到人人熟悉游戏玩法，个个遵守游戏规则，使"游园会"顺利进行。

3. 游戏材料的准备

适宜的环境、简便的材料能激发幼儿游戏的愿望。可在班级里发动家长利用废旧材料，如用布头自制沙包，把多个空易拉罐捆绑起来自制梅花桩等，既经济又实用。

4. 结合实际情况，科学、合理地安排场地

根据游戏时活动量的大小，科学划分场地，让各小组互不干扰，玩得尽兴。同时因地制宜地创设游戏空间，如在教室门前的空地上画方格，让幼儿玩"跳房子"的游戏，让游戏回归自然。

5. 保证游戏安全开展

教师认真观察幼儿的游戏情况，对其中不适宜的地方进行直接或间接的指导，使游戏的玩法更科学、合理、安全。如游戏"贴烧饼"，事先没有设定游戏范围，幼儿一旦进入游戏，可能会累得汗流浃背、筋疲力尽，追逐过程中还存在安全隐患。为了防止意外事故的发生，可以采取分组游戏、划定游戏场地和变换游戏规则等方法，保证游戏顺利开展。

6. 发挥家长的作用

亲子游戏能带动游戏的气氛，使活动更有趣、更有挑战性。发挥家委会的作用，发动家长参与活动的设计、材料的准备，共同策划、组织、开展"游园会"。

延伸与讨论

当今的时代与过去不同了，许多民间游戏已经丧失了群众基础，那么，强行恢复传统民间游戏是否有必要？讨论传统民间游戏的当代教育价值以及具体如何传承。

（安徽省政府机关幼儿园　王文红　王　萍）

$\mathcal{9}.$ 区域活动材料的投放

在区域活动中，材料的投放既重要又复杂。它的重要性体现在，缺少材料，就会影响区域活动的正常开展；复杂性体现在，既要满足幼儿的探究兴趣，又要取得一定的探究结果。如何投放区域活动材料，值得研究。

一、材料的安全性、美观性、实用性

在区域材料的制作和投放上，安全性应是第一位的。为幼儿投放区域材料时，应选择无毒、无味、对幼儿无伤害隐患的制作原料，制作前要进行彻底的清洁消毒。

幼儿容易被一些装饰漂亮的玩物吸引。教师在选择区域活动材料时应注意尽量选取一些外形美观、颜色鲜艳的原材料，如各种颜色的卡纸、花布，各种造型精美的盒子、瓶子等。

除在选材上注重美观外，实用性也不可忽视。有时教师花了很大的精力制作精美的区域材料，可是投放不到几天就破损不堪。要想让游戏材料可以重复利用，就一定要考虑其实用性。如在"娃娃家"游戏中，供孩子游戏的小床、桌椅、厨房器具等，尽量选用木质或无毒塑料制作的。

二、材料投放的目标性原则

区域活动材料的投放应具有目标性，要根据近阶段的课程目标和幼儿的活动需求及时投放。如结合主题"我眼中的世博会"开展的区域活动，围绕"让幼儿知道中国上海承办了第四十一届世博会，了解自己喜欢的世博场馆，为祖国感到自豪和骄傲"这一活动目标进行。在"我爱世博园"系列游戏中，提供了大量的红色吸管和胶水，让幼儿动手制作中国馆的模型；在"世博小吃街"中，提供了橡皮泥、卡纸、盘子等，供幼儿制作中国民间特色小吃，如饺子、小笼包、汤圆、糖葫芦等。这次区域活动达到了活动目标，促进了幼儿的社会性发展。

三、材料投放的探究性原则

材料的投放要能引发幼儿动手、动脑，支持幼儿与活动环境的积极互动，引导幼儿根据自己的兴趣爱好动手操作和动脑思考。探究是儿童动脑思考和动手操作交织进行的活动。不能让幼儿开动脑筋思考的操作活动，不能称之为探究活动。例如，在益智区中教师提供了一些图片供幼儿找不同之处，这并不是典型意义上的探究活动。如果给幼儿提供各种拼图材料，让幼儿根据图案自己拼装出一幅完整的图画，就是一种探究活动。因此，在材料的投放上，还应密切关注探究性。

四、材料投放的层次性原则

一方面，可为同一个活动区提供原材料、半成品和成品。如在美工区，教师可为幼儿提供制作花瓶的空塑料瓶、装饰好的塑料瓶和成品，以满足幼儿不同层次的探索需要，更大程度上鼓励幼儿自主学习。另一方面，可根据幼儿能力的不同提供操作难易程度不同的活动材料，这便于教师对不同能力的幼儿进行有针对性的指导和帮助，做到因材施教，促进幼儿在原有水平上有所提高。如在体育区，教师提供了不同高度和宽度的平衡木，让幼儿自由选择。能力强的幼儿可选择高而窄的平衡木挑战自己，能力弱的幼儿则可以选择相对稳定的平衡木来练习。

五、材料投放的动态性原则

材料的提供不能一成不变，而要根据教育目标和幼儿的发展需求，定期或不定期地进行调整、补充。如在"娃娃家"游戏中，教师根据幼儿的需求先后投放了洗衣机、衣架、收纳箱等材料；在"宝贝快餐店"游戏中，幼儿不满足于制作简单的快餐，在师幼共同商量后，教师又投放了彩色面团供幼儿制作面点和小点心等。各班教师还应及时沟通，交流幼儿区域活动的情况，做到材料互补，资源共享。

六、材料投放的互动性原则

让幼儿在动手、动脑的过程中与物体相互作用，不仅能激发幼儿的兴趣和好奇心，而且有助于幼儿获得有益的经验。比如，我们在科学区增加了"沉与浮"的实验，并为幼儿提供了纸、回形针、橡皮泥、铁块、海绵、泡沫、木头等材料。幼儿在动手操作过程中，发现有的东西会浮起来，有的东西会沉下去，这引发了他们的探究兴趣。再如，在益智区，我们提供了两个大小一样的杯子和两个大小不一样的杯子。幼儿在反复玩倒水的游戏中体会了液体容积守恒的现象。

总之，作为幼儿园教师，在区域活动中，应该做一个有心人，选择和投放适宜的区域材料，最大程度上唤醒幼儿的已有经验，激发幼儿积极愉快地表达和表现，使幼儿的能力不断得以提升。

案例 "乖乖兔摄影工作室"

大四班的"乖乖兔摄影工作室"越来越受小朋友的欢迎，在反复的游戏过程中孩子们明确了游戏角色分配的规则，游戏的开展井井有条。但随着游戏的深入和发展，孩子们有了一些新的想法。例如，游戏中的照片都是统一的尺寸，但是真正的照相馆里的照片有各种尺寸，价格也不相同；化妆间里的衣物和饰品应该更新；有顾客取照片的时候发现场景对不上，显得有些失望。通过师幼的共同商量，最终，我们在制作室提供了各种尺寸的相片纸和成品、半成品的相框等，并做了相片尺寸提示图和不同尺寸照片的价格表；在化妆间每次投放一到两种新材料；还设计了一张意愿表，让顾客在接待处就选好要拍的套系，并按自己选择的套系取景、拍照、选照片。为了增强制作人员的工作积极性，我们设置了奖励机制，制作人员工作一次就可以免费拍摄一次。这样，游戏就能更深入地开展下去了。

分析：

有的游戏是持续发展的，并不是一次就能完成的。游戏环境的创设、材料的投放也都不是一次性完成的，而是根据幼儿的游戏水平以及游戏需要随时做出调整。在投放相片纸和相框材料时，教师考虑到了幼儿的能力水平。投放了美观的成品材料，供幼儿欣赏模仿；投放了半成品材料，让幼儿尝试制作相框；投放了一些原材料，给幼儿想象和创造的空间。这充分体现了材料投放的层次性。另外，随着游戏的深入开展，化妆间和摄影间里原有的材料已经不能满足幼儿的需求了，师幼商量讨论过后又投放了新材料，如化妆间里提供了原先没有的发套和帽子，摄影间里投放了幼儿和老师一起制作的卡通背景等。材料的动态调整丰富了游戏情境，拓展了游戏情节。

延伸与讨论

区域活动是很重要的活动形式，各区域的功能各不相同，材料需要不断更新，那么，区域活动的材料主要从哪里来？如何才能源源不断地投放区域活动材料以满足幼儿自主活动的需要？

（安徽省合肥市林旭幼育幼儿园　孙　慧）

10. 区域活动的指导

区域活动弥补了幼儿园集体活动中幼儿自主参与不足的缺陷。区域活动旨在给幼儿提供更自由的活动空间，使幼儿可以自主选择、参与感兴趣的活动，自我学习、自我探索，使其个性与创造能力得以主动、充分发展。有别于在集体活动中的主导地位，教师在区域活动中，应在平等互动原则下进行阶段性的参与和支持性的指导。

一、活动初期——自主互信，营造环境

环境是重要的教育资源，在区域活动中应注重环境的创设和利用，从而有效地促进幼儿发展。

1. 鼓励自主，参与环境创设

环境创设是幼儿自主性参与的重要途径。在区域活动的环境创设中，要鼓励幼儿积极参与。可先进行集体讨论，鼓励幼儿大胆表述自己的想法或建议。例如，在"糖果店"区域活动的开始，全班幼儿共同商讨给"糖果店"起什么名字、定什么标志，以及如何装修店面等。在确定了具体方案后，教师又带领幼儿一起收集废旧材料，齐动手剪、贴、画等。"糖果店"被孩子们装扮得很漂亮，在参与过程中，幼儿表现得很自信、很快乐。

2. 充分信任，营造和谐氛围

幼儿对新事物具有天生的好奇心和探索欲，因此，每当新区域开放或新材料投入时，就会出现幼儿一拥而上的混乱场面，而此时教师的过

多限制会适得其反。比如，在小班的建构区投放雪花片后，我选择放任不管，有几个孩子发现了新材料，像一群小鸟飞向建构区，讨论着、说笑着。另一位老师担心地问："这样会不会太乱了？"我摇摇头，我相信给孩子们充分的自由空间，并加以鼓励和肯定，他们会有让人意想不到的好表现。果然，慢慢地，他们安静了下来，并认真地投入到建构活动中。

二、活动中期——支持互动，适时介入

1. 把握教育契机，顺势给予支持

幼儿的性格不同，能力也有差异，这对教师的指导提出了更高的要求。每个班都会有一些性格内向、抗挫折能力弱的幼儿，这些孩子虽有一定的活动动机，但容易受干扰而发生动摇。对于这类幼儿，老师需要细致地观察，把握介入的最佳时机，要有足够的耐心，给予有力的后续支持。如我们班的宝仪小朋友，在建构区活动中总是说"我不想玩"，我决定寻找时机。终于有一次，她把别人拼插的小碗拿在手上玩，眼里满是喜爱，我顺势鼓励她和那名幼儿一起拼插出一只小碗。果然，很快他们就完成了作品。接下来，我又请她独立拼插出小花、太阳等，还把她的作品展示出来。孩子在充分体验成功的喜悦后，会产生强烈的创作动机。

2. 适时参与活动，真诚给予帮助

区域活动中，教师在给予间接支持的同时，还要随时关注幼儿的活动状况，适时给予直接帮助。当然，这种帮助并不是手把手地教，而是作为参与者融入活动中，不露痕迹地有效引导。在"娃娃家"中，"爸爸"正在改造"电视机"，他把存放在"电视机"里的单个图画连接在一起，试图让"屏幕"动起来，但操作起来似乎有难度，于是准备走开。我系上围裙快步走过去，赞叹道："你真是个好爸爸！我也觉得调台不方便。"他失望地说："可是我没做好。""问题出在哪里呢？"我仔细看了看，说，"噢，如果能让画面滚动就好了！"接着我蹲下来，拉着他的小

手说："走，到我们的厨房看看有没有能用上的。"他找了两支筷子当轴，卷好了图画的上下边，很快画面就滚动起来了。他开心地说："谢谢！"我真诚地告诉他："我们是一家人，家里的事就应该一起来做嘛。"

三、活动后期——平等互动，积极推进

兴趣是最好的老师，当幼儿对某项活动缺乏兴趣时，是无法真正投入该项活动的。"照相馆"开设以来一直很热闹，可现在却十分冷清，里面的工作人员无精打采、无所事事。我决定一探究竟，走近柜台，说："我想照相。""摄影师"拿起相机"咔嚓"一声，说："好了。""你给我拍的是几寸的？"我问。他愣了一下，说："七寸的。""我想拍艺术照。""那要怎么拍呢？"他为难地问。这时，旁边的小朋友过来说："我知道，要穿上漂亮的衣服，还要化妆呢！"我顺势问："那你们有什么漂亮的衣服？"他说："没有。"又有工作人员说："小舞台那里有。""美发屋里有好看的发夹、辫绳。""照相馆"又热闹起来了，有的借服装，有的给我戴发夹，有的帮我摆造型，又有很多"顾客"过来拍照，大家忙得不亦乐乎。

当幼儿已熟练参与某一区域活动时，教师要适时参与其中，给予适当引导，维持幼儿的参与兴趣，积极推动活动的进程。

总之，教师在区域活动中，应全方位观察幼儿在活动中的表现，及时捕捉指导时机。根据活动的不同进度，阶段性参与，适时介入，使幼儿的个性和创造能力得到充分发展。

案例 有趣的"找一找"游戏

下午区域活动时，浩浩很快就发现了益智区中新添的物品——两张图片。要求是从两张图片中找到 5 处不同。只见她把两张图片从筐里拿出，立刻找了起来。大约过了两分钟，她发现两张图片上的纽扣形状不同，便迅速用水彩笔把它们圈了出来。又过了约两分钟，浩浩在图片的草丛里找到了一处不同。她马上又开始寻找第三处，可是这一次浩浩遇到了困难，不论怎么努力找，就是找不到。时间已经过去了五分钟，浩

浩抬起头来正好看到了我，说："老师，我找不到了。""确实有点难找，刚开始我也找不到，可是我一直找，后来终于找到了，我相信你也一定能找到的。找到了，你就成功了。"听了我的话后，浩浩迟疑地点了点头，大约又过了三分钟，她终于找到了第三处不同。这时响起了"玩具进行曲"的音乐，收玩具的时间到了。浩浩依依不舍地把图片放回了筐里，这时，我鼓励她说："不要紧的。虽然你还有两处没找到，但是刚才那一处你已经找到了，说明你已经成功了。下次你还可以继续玩。"浩浩高兴地点了点头。

分析：

在教育过程中，教师要保护幼儿探索的积极性，为幼儿创设良好的学习环境。在案例中，当浩浩遇到困难时，教师适时介入、真诚帮助，给了浩浩很大的信心，激起了孩子继续游戏的兴趣。在游戏后期，浩浩未能全部完成游戏任务，教师给予孩子肯定的同时也提出了要求，鼓励她下次继续完成任务，为活动的推进做好了铺垫。

延伸与讨论

区域活动是否就是游戏活动？区域活动以孩子的自主活动为主，教师在区域活动中起什么作用？应该如何介入指导？

（安徽省合肥市林旭幼育幼儿园　吴　静　孙　慧）

延伸与讨论指南

- **户外游戏场地设计**

你或许认为户外场地是既定的，其实，很多时候可以对现有场地进行优化和再设计，从而更好地利用现有场地。可借此展开研讨，制订方案，给孩子一个快乐的户外游戏场。

户外场地及空间安排得再好，只是提供了一种让孩子快乐成长的可能，最重要的是要让孩子有户外活动的意识，要使户外场地充分发挥功用。

不要因为安全问题而压缩孩子户外活动的时间。当然，我们要告诉孩子规则及方法，在户外活动时我们丝毫不能放松警惕。

- **室内游戏空间安排**

室内游戏，以安静或小活动量游戏为主，要关注孩子是否有充裕的游戏机会，空间布置时要考虑这一点。

需要注重空间环境的创设以及丰富材料的投放。环境是"会说话的老师"，精心的设计会使孩子全心投入游戏。

要注重区角的设计，但这不是为了展示，而是为了让孩子大胆想象、动手操作，乐在其中，要立足于幼儿活动及游戏的需要。

室内空间的布置不是静态的，而是动态的，要根据孩子的兴趣和需要适时调整。

- **游戏时间的安排**

孩子玩游戏时要尽兴，这是游戏价值实现的基本保证，所以，要根据不同年龄段、不同游戏合理安排时间。

现实中如果幼儿玩得还未尽兴，在不影响大局的前提下，适当调整计划并非绝对不可以。

如果现有的一日活动安排确实存在环节过多、各环节时间紧的问题，可重新安排，保证幼儿充分的游戏时间。

● 游戏的观察与记录

观察记录是深入了解孩子的一种方式，未必就是直接为这次活动服务的。游戏中教师不要轻易介入，但并不是不可介入。教师的指导作用是完全可以发挥的，当然这要以认真观察为前提。

记录的方式有很多，要根据具体的情形采取合适的方式，记录之后必须进行整理分析，否则就难以达到记录的目的。

● 游戏中的教师介入

介入意味着教师进入了游戏的现场，包括以非角色身份介入和角色身份介入。

以非角色身份介入一般缘于游戏中幼儿的求助等，通常会牵涉游戏规则的调整，这就要发挥教师的支持作用。

以角色身份介入游戏的目的是支持和发展游戏，但不中断游戏，要介入巧妙，并且要注意观察孩子是否欢迎和认可。

● 创造性游戏的指导

发挥幼儿的主动性和创造性与教师的指导并不矛盾，因为创造不是无中生有的，而是在相应的经验基础上和适宜的激励下产生的。

指导要把握好度，教师要时刻注意自己的身份，不替代幼儿的游戏行为。

当游戏出现不安全倾向，幼儿遇到困难、挫折而主动寻求帮助时，教师要适时介入。

● 规则游戏的组织指导

教师可以根据本班孩子的经验和兴趣进一步调整游戏规则，不断变换出新的游戏玩法。

教师可以根据已有的废旧材料组织孩子玩数字游戏；也可以将这些数字游戏与数学集体活动有机融合起来。

● 传统民间游戏的指导

现在的幼儿园里较少开展民间游戏，这确实不仅是教育问题，也是社会问题，根源还在于现代化和城市化。

当代出现的许多新游戏形式替代了传统民间游戏，但还有不少传统民间游戏在当代仍有生存发展的空间。一些传统民间游戏以新的形式出现。多数传统民间游戏的取材、玩法都很简便，我们应在这方面多做些研究。

- ● 区域活动材料的投放

区域活动的成功在于材料的丰富。

材料的来源有很多种，如购买的成品材料、活动室里的替代材料、收集的废旧材料、动手制作的材料，尤其要重视后两种来源的材料。

不仅是教师投放材料，也可让幼儿设法获取材料、动手制作材料，还可发挥家长的作用，让家长参与材料的收集与制作。

材料并不是越多越好，以使幼儿的想法得以充分实现、使探究活动得以顺利开展为目标，即要充分发挥材料的功用。

- ● 区域活动的指导

区域活动并不等同于游戏活动，尽管多数区域活动具有明显的游戏性质，比如角色区、建构区、表演区等，但区域活动本质上是与集体活动相对的一种以小组形式开展的自主活动。

让全班孩子分散到各区域中的活动，以及基于丰富材料的区域自主活动具有明显的游戏成分，这决定了教师不可能也不应该过多介入区域活动。

但毫无疑问，区域活动的最大支持者仍然是教师，在适当的时机教师也完全可以介入指导。另外，还有一些区域活动并不具有明显的游戏成分，比如阅读区、益智区等。

第二辑 五大领域教学活动

　　幼稚园的课程全部包括在五指活动（健康、社会、科学、艺术、语文）中，并采用单元制，各项活动都围绕着单元进行教学。

——陈鹤琴

　　幼儿园的教育内容是全面的、启蒙性的，可以相对划分为健康、语言、社会、科学、艺术等五个领域，也可作其他不同的划分。各领域的内容相互渗透，从不同的角度促进幼儿情感、态度、能力、知识、技能等方面的发展。

——《幼儿园教育指导纲要（试行)》

　　从健康、语言、社会、科学、艺术五个领域描述幼儿的学习与发展。每个领域按照幼儿学习与发展最基本、最重要的内容划分为若干方面。

——《3～6岁儿童学习与发展指南》

1. 身体保健活动

陈鹤琴先生曾明确提出：幼儿园应该把健康放在第一位，因为"健全的身体是一个人做人、做事、做学问的基础"。健康是每个孩子的幸福之源，离开了健康，就难以参加各种学习、游戏，甚至无法正常生活。

一、生活中的健康教育——卫生习惯的养成

东东是我们班的插班生，机灵活泼，是个小可爱，但他有个坏习惯，即不愿意洗手，饭前便后都不主动去洗手，即使叫他去洗，他也只是打开水龙头随便冲冲，真拿他没办法。为了让东东主动去洗手，我们可花了不少心思。首先，我让东东在一旁观看老师和同伴洗手，看着大家满手的泡沫和开心的笑脸，听着哗哗流淌的水声和快乐的笑声，东东感觉到洗手是大家都愿意做且快乐的事情，开始有一点动心。其次，为了让东东快速地学会洗手，我们在水池旁贴上了洗手步骤图（大家一起讨论后画出来的），并把洗手过程编成了朗朗上口的儿歌："打开水龙头，冲湿小小手，轻轻打肥皂，手心搓一搓，手背搓一搓，手指手缝别忘掉；打开水龙头，冲冲小小手，关上水龙头，轻轻甩三下，1、2、3。"当然，对东东的每一点进步我都会及时给予肯定，奖励他小星星或亲一亲、抱一抱，用物质奖励或精神奖励不断地激励他。现在东东每天都能主动把小手洗干净，还时不时地到我面前炫耀一下。

其实，幼儿良好的卫生习惯不是一朝一夕就能养成的，长期坚持才能收到良好的效果。可采用示范讲解法、榜样激励法、游戏法、物质或精神奖励法等，来帮助和激励幼儿，让他们早日养成健康的生活习惯。

二、环境中的健康教育——无形的暗示

创设班级生活环境时，可以用有趣的图片、漫画、标志符号、照片等布置安全宣传栏或墙饰，让幼儿在环境中受到熏陶、感受安全教育。如，展示"过街要走人行道"、"知道红绿灯和交通标志"、"不能玩火，不能玩电"、"不从高处往下跳，不爬窗户"、"不跟陌生人走，陌生人敲门我不开"、"遇到火警、生病和坏人应该打什么电话"、"上下楼梯要靠边走"等，并定期更换。还可以利用大量的废旧物品，创设"警察岗亭"、"公共汽车"、"救护中心"、"消防大队"等区角，让幼儿在角色游戏中模拟扮演，从中体会到交通规则、火灾或急救的报警方法等。另外，还可以结合幼儿园的各项活动，例如"我是小小清洁工"、"植树节"等社会性活动，开展环境教育，培养幼儿讲卫生、爱护环境的良好行为习惯。

三、专门的健康教育——学习与体验

开展丰富多彩的主题活动，是进行健康教育的重要途径，可增强幼儿的健康意识，提高幼儿的自我保护能力。如开展"我们的鼻子"主题活动，让幼儿通过观看录像、图片，初步了解鼻子的结构；通过呼吸和闻气味的游戏，了解鼻子的功能；通过判断对错，掌握保护鼻子的方法。还可以开展"保护自己办法多"、"我们的眼睛"等主题活动，增加幼儿的自我保健常识，提高健康意识。

开展健康主题活动，要重视幼儿参与体验的过程，只有经历过才会有切身的体会，才会有真正的收获。尤其是身体保健活动，与健康息息相关，我们常采用直观观察法、感知体验法、游戏法、讨论法等，让幼儿参与活动，发现并尝试解决问题，从而获得一些健康常识。

四、合作健康教育——家园配合

当今社会，大多数是独生子女，很多父母对孩子百依百顺，从而忽

视了生活中的健康常识，使孩子养成了一系列不健康的行为习惯。因此，在对幼儿进行健康教育时，我们要争取家长的配合，而进行一致性的教育，毕竟大量的教育在于家庭。

有这样一个事例：小班的一名幼儿在吃饭时经常漏食，不咀嚼就把饭菜硬吞下去，还经常出现呕吐现象。起初，老师以为他身体不舒服，检查后发现一切正常，后经过深入了解，原因出来了。原来这名幼儿在家吃饭是这样的：全家人上阵，爷爷打拳，奶奶拍手，爸妈唱歌，饭是一口一口哄着喂下去的。有时候不高兴，他就紧闭嘴巴，不吃也不喝，这时全家人就像热锅上的蚂蚁——急得团团转。可见，幼儿不健康的饮食习惯完全是家长"喂"出来的。

因此，幼儿健康教育必须取得家长的支持。首先，我们可通过多种活动让家长转变健康观念，不断增强健康意识，明确健康教育理念和幼儿健康教育目标，提倡健康的生活方式，创设良好的家庭教育环境。其次，争取家庭的配合，家庭和睦、民主，营造良好的情感环境和家庭气氛，在观念和行动上尊重孩子，有利于幼儿良好性格的形成和心理健康发展。

案例　中班健康活动：和野菜宝宝做游戏

设计一

目标：

1. 体验游戏活动带来的乐趣；

2. 学习绕障碍跑，有初步的合作意识；

3. 喜欢参加户外体育游戏，积极锻炼身体。

设计二

目标：

1. 愿意积极主动地和荠菜宝宝玩游戏，知道野菜也是有营养的，不挑食；

2. 认识野菜中的荠菜，了解荠菜的特征、生长环境和营养价值；

3. 能从各种蔬菜中找出荠菜。

过程：品尝菜肴——认识荠菜——寻找荠菜——品尝荠菜食物——了解野菜。

分析：

这是一次同课异构活动，两位执教者侧重于健康领域的不同方面，前者侧重于体育锻炼，后者侧重于身体保健。"设计二"，从让孩子认识荠菜入手，渗透营养知识的认知和良好饮食习惯的培养，让孩子在尝尝、玩玩中学习保健知识，养成良好的习惯。活动中提供了荠菜，让孩子获得感性经验，品尝荠菜食物让孩子兴致高涨，虽然活动的准备比较费时费力，但确实收到了不错的教学效果。

延伸与讨论

现在的生活条件与过去相比大为改善，但孩子的健康还是面临着许多问题，请结合你的工作实际谈谈当今孩子的健康状况，幼儿园应为此做出哪些努力。

（安徽省委机关幼儿园　王　芳）

2. 体育锻炼活动

锻炼身体，增强体质，是幼儿园教育的基本任务之一，这主要通过体育活动来完成。幼儿园的体育活动组织形式主要包括体育课、早操活动、室内外运动等。

一、必不可少的早操活动

早操是幼儿园一日活动必不可少的环节。轻松愉快的早操活动能振奋精神，全面锻炼幼儿的身心，培养幼儿的纪律性。幼儿园早操基本分为三部分：

1. 队列队形练习和操前韵律

教师可根据各年龄段幼儿的特点有针对性地进行队列队形创编。在队列练习时可以选择一些节奏明快的音乐，例如《士兵进行曲》、《玩具兵进行曲》等，让幼儿在音乐的感染下愉快地投入到早操活动中来。队形可以是圆圈、方队或其他形式，也可自由四散站立。在编排上可以随音乐的变换运用走步、跑步以及其他舞步来进行队形队列的变化，让活动更丰富多样。

可以根据幼儿的喜好，选择他们熟悉的动画片主题曲或儿童节目的主题歌作为操前的韵律，熟悉的节奏和旋律可以让幼儿更快地进入活动，也更乐于参与活动。在韵律活动的编排上要避免舞蹈化，需要注意动作的简洁和锻炼实效。在创编中大班的韵律时，可以鼓励他们提供自己喜爱的音乐，采纳他们发明的动作，甚至可以协助他们创编，这样更能激发幼儿锻炼的兴趣。

2. 集体的基本体操练习

可以采用通用的广播体操，也可以自编体操。例如《世界真美好》就是适用于大班幼儿的一套全国幼儿广播体操，它充分考虑了锻炼效果。在幼儿园，小班以模仿操为主，通过模仿小动物、劳动生活的动作等，来达到锻炼身体的目的。中大班一般以徒手操和轻器械操为主，采用的器械一般是小哑铃、彩棒、呼啦圈等幼儿园常用的体育器械，也可利用旧报纸、饮料瓶、包装袋等制作一些简单的体育器械。

3. 操后游戏和放松活动

操后可以安排幼儿进行体育游戏。小班可以开展诸如开火车的走跑游戏，中大班可以利用做操时使用的器械一物多玩。游戏时教师要注意将分散的自主游戏与集体游戏相结合。游戏时可配合轻松活泼的乐曲，如《地板上的游戏》、《摘果子》等，更好地调动幼儿的情绪。游戏后可播放舒缓的音乐帮助幼儿放松身体，可选用《小白船》、《再见》等。

整个早操活动的时间一般在 20 分钟左右，教师可以根据年龄班特点和季节的变化做适当调整。活动的安排应考虑强度变化，要特别注意的是早操活动的运动负荷不宜过强。因为早操后一般会进行集体教学活动，所以最后安排适当的放松活动是十分必要的。

二、多元化的体育活动

除了早操活动，幼儿园经常进行的体育活动有晨间锻炼、室内外运动、体育课等，还有一些非经常性的体育活动，如运动会、远足等。

晨练活动是幼儿园晨间活动的重要组成部分，幼儿入园后至早操前的这段时间主要是进行比较自由的体育游戏或分组练习小型体育器械。时间一般为 30 分钟，可根据实际情况适当延长或缩短。教师应注意晨练时选择活动量较小的户外锻炼活动，如拍球、投掷、钻山洞等，以免幼儿早餐后由于剧烈活动引起不适。

集体体育教学活动是教师专门组织的集中学习和锻炼专门技能或素质的活动。它的主要任务是：全面锻炼身体，增强幼儿的体质；传授简单的体育动作技能和知识；培养幼儿的良好品质和情感，锻炼意志，发展个性。设计体育教学活动时，教师要注意调动幼儿参与体育活动的积极性、主动性，合理安排幼儿的运动负荷，做到循序渐进、动静交替。与此同时，教师应提醒幼儿在运动前后适量饮水，及时补充水分。在活动中随时观察幼儿的变化，出汗多时请保育员为他们递上汗巾。体育活动中的保教配合是十分重要的。

户外体育运动主要指除晨练、早操、体育课以外，在一日活动中为幼儿提供的其他户外体育锻炼机会。户外体育运动时，教师应充分考虑幼儿的兴趣、爱好和能力水平，尽可能多为幼儿提供自主选择的机会。教师在组织幼儿户外体育运动时，应利用好环境和大中小型设施、设备、器械等开展体育锻炼，如利用楼梯、操场、大型滑梯，小土坡、草地等，让幼儿充分体验不同环境的交替。还可以利用纸箱、瓶子、绳子等，让幼儿自由创造不同的玩法，感受运动的快乐。与此同时，教师还要做好观察与指导，如幼儿不愿意参与锻炼，教师应激励他；如幼儿过度兴奋、活动量过大，应该给予疏导或调整。户外运动的安全问题也是需要教师高度重视的，应注意排除安全隐患，并随时对幼儿进行安全监督和指导。

室内运动是户外运动的有益补充，如舞蹈房、淘气堡、蹦蹦床、海洋球池等，可以给幼儿带来不同的运动体验。

案例　天凉了，宝宝不愿晨练怎么办

场景描述：

天气逐渐变凉，幼儿入园的时间也越来越晚。早晨 7:40 至 8:20 来园参加体育活动的幼儿不足总人数的二分之一。让幼儿进行户外体育锻炼，他们也总是说手冷，不愿运动。如何让幼儿克服畏寒心理主动参与到体育活动中呢？

原因分析：

秋冬季，幼儿普遍爱睡懒觉，因此入园的时间推迟，这往往会挤掉

晨练时间。幼儿在从家至幼儿园的途中一般无需自己走路，所以易出现手脚冰凉的情况，这影响了幼儿运动的积极性。

应对措施：

1. 让幼儿了解冬季体育锻炼的好处

我利用健康活动"不怕冷的大衣"向幼儿讲述了一个故事：一只爱睡懒觉、怕冷的小兔子为了拿到姥姥为他做的"不怕冷的大衣"，一路迎风冒雪跑到兔姥姥家，最后身上热乎乎的，额头冒汗，终于明白了"不怕冷的大衣"其实是运动。通过讲述故事，让幼儿了解冬季运动的好处，帮助他们找到"不怕冷的大衣"。带着幼儿到户外运动，或利用各种器械进行运动，待身体暖和后再回教室。然后大家一起说说到户外运动的感觉。积极参加各种体育活动可以让身体变暖，从而抵御寒冷。

2. 晨间活动应循序渐进

冬天在上幼儿园的路途中需要为幼儿保暖。入园后，可以先戴着帽子、围巾、手套等做些暖身运动，如伸展手臂、压腿、慢跑等。待身体逐步活动开后再脱掉，使幼儿慢慢地适应环境，循序渐进地进行体育锻炼。

3. 充分利用时间

除晨练、早操和体育课外，幼儿园在一日活动中还为幼儿提供其他户外活动。这些户外活动一般安排在 9:30 至 10:30 之间、午睡起床后或离园之前。冬季，可以根据班级情况，适当增加活动次数，选择气温等条件适宜时进行。小班每次 20 分钟左右，中大班 20 至 40 分钟。

实效：

通过一段时间的调整和努力，幼儿的晨练出勤率有了显著提高。晨练中缩手缩脚的少了，出现在我面前的是一张张笑眯眯、红扑扑的小脸蛋。

1. 你在早操创编时遇到了哪些问题？试着分析其中的原因。
2. 观察一下幼儿园经常开展的户外体育活动，分析场地的安排、器械的选择以及幼儿的投入程度和教师的指导。

（安徽省合肥市双岗幼儿园　阎　艳）

3. 常见行为问题的矫正

幼儿在成长的过程中，总会出现一些行为问题或不良的行为习惯，如果不及时加以矫正，可能会影响他们的身心健康。幼儿常见的行为问题主要有吸吮手指、恋物情结、睡眠问题等。我们要综合考虑儿童自身、家庭和社会等诸方面的因素，运用多种方法使幼儿的行为发生预期的变化，促进幼儿养成良好的行为习惯。以下列举两种常见的行为问题。

案例一　爱吸大拇指的童童

童童是一名4岁的小女孩，文静可爱，从不与同伴吵闹，也不主动与小朋友一起游戏，但大部分孩子还是很喜欢她的。入园以来她就有一个坏习惯——爱吸吮大拇指。无论在什么场合，她都会吸大拇指：玩玩具时，做游戏时，午睡时……每当有小朋友告状——"老师，童童又吃手了"，她就会用无辜的眼神看着我，仿佛在说："我不是故意的！"有时看见她吸手指，我会小声提醒，她就立刻把手指拿出来，但一会儿又偷偷地吸吮，被吸的手指都发白了，指甲也不长，谁看了都心疼。

对此，我采取了以下教育策略：

一、正面教育，让童童了解吸吮手指的坏处

因为童童的吸吮行为是长时间形成的，如果用强制的方法，会使她产生逆反心理，所以，只能从正面引导、鼓励，让她认识到吸吮手指的坏处，建立改掉吸吮手指不良习惯的信心。如请保健医生介绍吸吮手指

的后果，编故事"××的手指"并讲给她听，让她从故事里寻找为什么××的手指与别的小朋友的不一样，为什么那么难看。如果童童从故事中找到了答案，我们要及时加以引导和鼓励，让童童下定决心改掉吸吮手指的习惯，相信并监督她。

二、长期坚持，养成良好的生活习惯

童童吸吮手指的坏习惯不是一两天能改掉的，需要我们长时间的努力和坚持。在初期，我努力让她将吸吮手指的次数减少，从每天三四次到一两次。当她无意识地吸吮手指时，要及时提醒她；睡觉时，不让她将手指放入嘴中吸吮；当她控制不住时，要想办法分散她的注意力，让她进行串珠、拼图、剪贴等精细的手工活动，鼓励她集中精力完成任务，让她逐步忘记吸吮手指；实在控制不住时，要陪她游戏和说笑，帮她打消吸吮手指的念头。

三、发动同伴帮助童童改掉坏习惯

因为童童平时不怎么与同伴玩，她吸吮手指的不良习惯难免会遭到小朋友的讥笑，这深深地触动了童童。有一次，童童想跟蕾蕾一起游戏，蕾蕾说："我才不跟你玩呢，你吃手指好脏。"童童很难过，这时我边安慰边鼓励她："其实每个人都有毛病，只要童童改掉吃手的坏习惯，小朋友还会喜欢你，还会和你一起玩的。"后来，我还特意发动全班儿童一起支持、帮助童童改掉坏习惯。

四、家园一致，共同努力

虽然童童的父母十分重视孩子的教育，但由于工作忙，孩子的教育主要交给爷爷奶奶。我们主动积极地与童童的父母探讨好的方法，并让他们积极地配合我们的教育，主动参与班级的各种活动，真正做到家园一致，共同进步。

案例二　孩子的恋物情结

在幼儿园，我们经常会看到这样的情景：刚入园的孩子紧紧抱着一床被子或一个旧娃娃等，睡觉抱着，吃饭抱着，从不离身，像宝贝一样护着。入园将近两个月了，大部分孩子已基本适应了集体生活，能与大家一起玩游戏，一起交谈。可有几个孩子与众不同，他们很少跟人交流，只是坐在一旁摆弄自己的"宝贝"，如小抱被、小枕头、小玩具等物品，他们不允许别人碰他的"宝贝"，走到哪都要带着，与之形影不离。由于这些孩子过于依恋他们的"宝贝"，失去了与同伴一起游戏和交流的机会，导致他们很难融入集体。

对此，可采取以下教育策略：

一、找出"恋物"的原因，对症下药

经过分析归纳，孩子的"恋物"原因大致可分为三种：

1. 受家长过度呵护，缺乏同伴交往

其实是家长给孩子建了一座城堡，隔绝了孩子与外界的交流，这样孩子的情感只能寄托在身边的物品上。因此，我们要创造机会让他们多与同伴交流。同时在与同伴交往的过程中，要善于利用同伴的影响力。如让好朋友鼓励他们放下"宝贝"，主动到户外去游戏，同伴的劝说比教师的硬性介入效果会更好，只要他们能与同伴玩到一块儿，相信很快就会融入班集体。

2. 缺乏安全感，借助物品排解内心的焦虑和恐惧

孩子的恋物行为是缺乏安全感的一种表现，尤其是刚入园的幼儿，离开家人到一个陌生的环境，面对陌生的老师和同伴，缺乏安全感是可想而知的。孩子需要时间来熟悉环境和周围的一切，更需要我们多一些关心和爱护，多一些理解，多给一些拥抱，经常性的拥抱会给他们这样的暗示：我在你身边，别怕，有我呢，失败了不要紧……

3. 缺乏其他刺激物的刺激

孩子天生有广泛的兴趣和爱好，之所以离不开"宝贝"，是因为他们没有更多可选择的物品。我们可以提供一个丰富多彩的集体生活环境，让他们有东西可选、有游戏可玩，体会在集体活动中的乐趣，激发出他们潜在的兴趣，这样他们自然就不会再恋一件"宝贝"了。

二、注意家园配合，坚持长期关爱

在明确原因的前提下，我们要注重与家长的沟通，让家长了解"恋物"行为的利弊以及长期发展可能产生的不利影响，达成矫正孩子"恋物"行为的共识。其实，孩子在家的时间多于在园的时间，如果能与家长达成共识，一起制定相应的教育策略并共同努力，那么孩子摒弃恋物情结指日可待；反之，孤军作战不仅耗时耗力，还不见成效。所以，一定要充分发挥家庭的作用，坚持对孩子长期的关心和爱护，使孩子渐渐减少对物品的依恋，让恋物情结远离孩子的生活。

三、转移孩子的注意力，做到循序渐进

两三岁是孩子依恋最强的时期，安全的依恋关系曾伴随着孩子的健康成长，但是随着孩子年龄的增长，过度依恋也会造成社会交往的困难，这对幼儿的身心发展带来了负面影响。因此，我们要采取循序渐进的矫正措施，不是断然要求孩子马上远离"宝贝"。随着孩子对班级环境和对教师、同伴的熟悉了解，我们可以用富有吸引力的教玩具来吸引他们的注意力，分散他们对"宝贝"的专注力；同时，鼓励他们多参加有趣的游戏活动，创造机会让他们多与同伴进行交流与交往，让更多的人来帮助他们一步步走出恋物情结。

除以上两种常见的行为问题，在饮食、睡眠等方面也会发现一些不良习惯。只要留心，就会发现孩子的任何问题；只要用心，就会解决好孩子的任何问题；只要心中有爱，每个孩子都会在你的呵护下健康成长！

延伸与讨论

　　1. 你班上的幼儿出现过类似的行为问题吗？你是如何处理的？
　　2. 请你列举几种幼儿常见的行为问题，描述问题的表现，分析原因并提出对策。

（安徽省委机关幼儿园　王　芳）

4. 倾听和讲述活动

倾听和讲述是一个人接触社会、接收信息、表达自我的重要手段之一。倾听是沟通的前提，讲述是沟通的主要方式。让幼儿"喜欢与人谈话、交流"，"注意倾听并能理解对方的话"是一种"润物细无声"的教育，应该贯穿于幼儿园所有的教育教学活动中。

一、在语言集体教学活动中培养幼儿倾听和讲述的能力

1. 做个声音有魔力的老师

我们在给幼儿选择音像教材时，会有意识地选一些语言生动、有感染力的故事磁带，因为这样的故事磁带能深深地吸引孩子的注意力，把孩子带到故事的情境中去。我们也都有这样的经验，同样一句话，由不同的教师来说会有不同的感觉。有的教师一开口说话便会深深吸引幼儿的注意力，他们以自身的语言魅力，引导幼儿全力倾听。他们的语言精练，富有亲和力和感染力。例如谈话活动"假如你有一朵七色花"的执教老师在活动一开始便用神秘的语气告诉幼儿："七色花有七种不同颜色的花瓣，每个花瓣都有一种神奇的能力，你们猜猜看它有什么神奇的能力?"虽然这种故作神秘只是教师的一个语言小策略，但对于单纯、爱幻想的幼儿来说非常有效。教师简单的一句话，马上吸引幼儿投入到"猜测"环节，孩子们主动、踊跃地讲述起来。

2. 做个能够掌控全局的老师

在集体教学活动中，有的幼儿讲述时脱离主题、天马行空，有的幼儿无话可说，根本不愿参与活动。此时，教师适当的引导尤为重要。在

谈话活动"假如你有一朵七色花"中，为了避免这种情况出现，教师设计了一个道具——七色花，并根据主题衍生了一个情节："七色花飞到谁的身边（碰到谁的头发），谁就说说你会怎样使用七色花去帮助别人。"教师设计了简单的道具，巧妙地使用了一种凭借物，让幼儿的思维始终围绕着"七色花"这个主题。营造了一种带有童话色彩的谈话氛围，让幼儿对故事里"七色花"的神奇魔力产生无限的遐想，正是这种遐想促使幼儿积极参与到谈话中。

3. 做个会提问的老师

教师的引导应有目的，要帮助幼儿拓展讲述内容，把握讲述方向。例如在"假如你有一朵七色花"活动中，教师向幼儿提了三个递进式的问题："假如你有七色花，你想实现什么愿望?""假如你有七色花，你想帮别人实现什么愿望?""还有谁想得到你的七色花的帮助?"这些具有层次性、启发性的问题，不仅使幼儿讲述时不偏离谈话的主题，而且激发了幼儿说话的兴趣。

二、如何在日常活动中巩固幼儿倾听和讲述的能力

1. 做幼儿的好听众

不仅是语言活动，幼儿园的所有集体活动都给孩子提供了倾听和讲述的机会。每一次集体教学活动中，细心的教师都应扮演好听众的角色：认真地听幼儿讲述，不随意打断幼儿，对讲述内容加以提炼和分析，发现其中存在的问题，告诉幼儿解决方法并鼓励幼儿。教师认真倾听的行为是在鼓励幼儿继续大胆地讲述，给幼儿心理支持，也是在暗示幼儿学做耐心倾听的好听众。

2. 做幼儿的好记者

教师可以利用晨间活动、午饭后、离园前的时间组织一些随机谈话活动，以记者的身份来采访孩子，让幼儿说说在生活中看到或听到的新鲜事，引出话题，为幼儿创造讲述的机会。如"今天你和谁一起玩了?

你们玩了什么游戏？是怎么玩的？""星期天，你想到哪里去玩？为什么要到那里去？""今天谁会来接你？你喜欢他吗？为什么？"……这些话题随机性强、贴近幼儿的生活，让幼儿有话可说、有话要说，从而感受到表达和交流的乐趣。

3. 利用文学作品，培养幼儿倾听和讲述的习惯

故事《我知道》讲的是一只性急的兔子，听别人说话只听一半，因此差点儿被狼吃掉。这个故事浅显易懂，适合讲给刚入园的小班幼儿听。教师可以从班上有的孩子喜欢打断别人说话、爱插嘴这些现象入手，请幼儿思考"别人说话时不认真听会怎么样"，再引入故事，教会幼儿听话要听完整，让他们明白这也是对别人的一种尊重。

4. 利用语言游戏，锻炼幼儿倾听和讲述的能力

利用语言游戏"句子越说越长"，可以很好地锻炼大班幼儿的听说能力。例如，教师先说一个简单的句子"我去买菜"，幼儿在认真倾听的基础上进行扩句游戏："我和妈妈去买菜"——"我和妈妈去菜市场买菜"——"我和妈妈一起去菜市场买白菜"，等等。在幼儿积累了一定的词汇量后，教师可以把游戏改为"看谁能说一段话"，给幼儿一个简单的句子，让幼儿经过想象加工把它扩展为一段话。

可以利用幼儿园一日生活的各个环节发展幼儿倾听和讲述的能力：数学活动中可以鼓励幼儿说出自己的操作方法，科学活动中可以鼓励幼儿谈谈自己对某种科学现象的看法，音乐活动中也可以让幼儿用自己的话说说对音乐作品的感受。只要教师做个有心人，就可以让幼儿的听说能力得到很大的提高。

案例 谈话活动"假如你有一朵七色花"

目标：

1. 围绕中心话题，用较连贯的语句表达自己的见解。
2. 激发同情弱者、关心他人的情感。

3. 养成在小组讨论中轮流说话并耐心倾听的习惯。

准备：幼儿制作的七色花

过程：

1. 师生共同回忆故事情节，分组讨论：假如你有七色花，你想实现什么愿望？

幼儿说完自己的愿望后，撕去一片花瓣。

2. 集体分享交流：假如你有七色花，你想帮助别人实现什么愿望？各组推荐代表发言。每个幼儿可以说说自己的想法，每说完一个，就撕去一片花瓣。最后幼儿数数自己手中还剩几片花瓣，说说还有谁想得到你的七色花的帮助。

实录及分析：

幼儿在熟悉故事内容的基础上，利用各种教具、道具进行故事表演。他们深深地被故事里七色花的神奇魔力吸引，纷纷感叹：要是我有一朵七色花，那该多好啊！

教师出示在手工课上制作的七色花，并以递进式的提问引导幼儿谈话：（1）假如你有一朵七色花，它能帮助你做些什么？（2）假如你有一朵七色花，你想帮助同伴或长辈做什么？（3）还有谁想得到你的七色花的帮助？教师的提问为幼儿打开了想象之门，他们踊跃回答："假如我有一朵七色花，我会摘下一片花瓣扔向空中，说：飞哟！飞哟！小花瓣哟，听我说呀照我的做，让我的手里提着一个生日蛋糕，我要祝老师生日快乐，因为老师太辛苦了。""我想帮助贫穷的孩子，让他们有钱上学，能吃好吃的，穿漂亮的衣服。"

……

（案例提供者：安徽省政府机关幼儿园　刘　氢）

延伸与讨论

在同一个班级中，幼儿的口语发展水平往往差异很大，为什么会有这样的差异？为了充分发展孩子的口语能力，应该给他们更多的口语表达机会，但在教学活动中毕竟给每个孩子表达的机会有限，那么如何解决这个矛盾？

（安徽省政府机关幼儿园　郭　凡）

5. 阅读与欣赏活动

现在幼儿的阅读能力和阅读习惯的培养越来越受到人们的重视。不仅要让幼儿具备一定的阅读能力，而且要让幼儿享受阅读的过程，体验阅读带来的美感。阅读与欣赏活动是幼儿园语言教育的重要内容，开展阅读与欣赏活动应注重以下几点：

一、合理选材

幼儿的阅读首先取决于兴趣。因此，阅读材料画面的色彩、阅读内容、阅读方式能吸引幼儿是开展阅读活动的基础。阅读材料画面清晰，图案精美，色彩鲜艳，阅读内容符合幼儿的年龄特点及发展水平，贴合幼儿的生活经验，这样的作品才易被幼儿理解，能引起幼儿的情感认同。例如以小动物为主线的故事《我喜欢跳》，讲述了小袋鼠想找有共同爱好的朋友一起玩的简单故事。小袋鼠与小鸟、小鱼、大象、小青蛙的对话简单明了。"你会跳吗？""不，我不会跳！"……对话简短且重复，幼儿理解起来没有障碍。小袋鼠、小青蛙会跳，小鸟、小鱼、大象不会跳，这些知识符合幼儿的生活经验。小袋鼠一开始由于没有找到朋友便不开心，后来找到了朋友很开心，情绪的变化得到了幼儿的认同，于是很快就引起了幼儿的情感共鸣。这本书的画面大，图案既清晰又精美，色彩适宜。老师讲述故事时，心急的幼儿已悄悄地往后翻，总想看一看下一个角色是谁。可见，幼儿对这个故事是感兴趣的。

二、形式多样

1. 先大书，后小书

可以先集体阅读一本大书，再让幼儿分头阅读自己的小书。当集体观察大书上的图案时，幼儿能认真观察，争相表达自己观察到的内容，这会促使幼儿看得更仔细，思想更集中。之后再读小书，既温故了集体读大书时获得的知识，又再一次欣赏了故事情节，这样的阅读欣赏活动效率会很高。

2. 分享阅读

教师讲述作品时，生动的语言、丰富的表情是吸引幼儿阅读的法宝。成人抑扬顿挫的语调、绘声绘色的讲述，能使幼儿在无限的想象中体验情节，理解角色。幼儿在分享阅读中既提高了阅读的效率，又享受了阅读的乐趣。

3. 感知和体会重点词语

在情境表演中，让幼儿用模仿动作的方式领会重点词，效果会更佳。故事《我会跳》中"跳"字反复出现，"跳"的动作是怎样的呢？可让幼儿"跳一跳"，体会这一动作。还可让幼儿穿戴角色饰物，进行角色扮演，进一步体验小袋鼠找朋友从不开心到开心的心路历程。

三、创设环境，拓展阅读

可在图书角集体制作大书，创编故事的角色及语言，设计不同的结尾，供幼儿复习巩固，再现阅读内容。这能让幼儿展开丰富的想象力，拓展阅读内容，感受作品中语言的艺术美。大书的内容以幼儿自制为主，配以合适的图片、少量的文字（文字由成人编写）。可以图夹文的形式出现，也可以是全图片式的。幼儿在阅读、讲述图书时，用自己的语言表达自己的理解，印象深刻。

还可在语言表演区开设"小剧场"，提供手偶、头饰等操作材料，让幼儿表演、展示自己喜欢的故事、儿歌、散文等。

案例　故事欣赏《我会跳》的拓展活动

场景描述：

在语言区，一些幼儿用小袋鼠、小鸟、小鱼、小青蛙、大象的头饰在进行表演。表演了两次之后，不知在谁的提议下，幼儿便开始到处跳跃，并且边跳边说："我喜欢跳，我喜欢跳……"安静的教室混乱了。

分析：

这个故事情节反复，变化少，简单模仿几次后，幼儿的注意力便很快转移到了其他地方。这时只有帮助幼儿拓展情节，丰富故事内容，让幼儿展开想象力，才能使表演游戏进行得更有趣。

措施：

通过谈话帮助幼儿梳理会跳的动物和不会跳的动物，以增加角色数量；"跳着，跳着，发生了一件奇怪的事……"引导幼儿合理地续编故事，根据讨论商定增加的角色及情节需要，添加材料设施，创编故事《我会——》

效果：

幼儿在游戏中增加了会跳的动物，如小兔、蚱蜢、螳螂；大家一起跳，并且在音乐声中表演一段舞蹈……

延伸与讨论

小、中、大班幼儿的阅读水平和对作品的欣赏水平有何不同？结合工作中的实例来说明。

（安徽省政府机关幼儿园　耿　琦）

6. 亲社会行为的培养

亲社会行为通常是指对他人有益或对社会有积极影响的行为，包括分享、合作、助人、安慰、捐赠等。它是一种个体帮助或打算帮助其他个体或群体的行为趋向。亲社会行为是幼儿个体社会化的重要指标，是个体健康成长的重要标志。那我们该如何培养幼儿的亲社会行为呢？

一、从电视、图书中获益，为幼儿创设良好的精神环境

美国儿童电视节目《罗杰斯先生的邻居》是一个集中表现理解他人情感、表达同情和援助的电视节目。主持人罗杰斯每次都会要求观众停下来静默一分钟，想想所有曾经帮助过他们的人。所以看了该节目的幼儿不仅懂得了这一节目的特定亲社会内容，而且能将其应用到其他情境当中。教师和家长还可向幼儿展示一些优秀的可读性较强的图书，如《蚂蚁搬家》、《拔萝卜》等，用作品中生动、鲜活的正面人物教育幼儿要互助互爱。

对于幼儿出现的亲社会行为应及时鼓励，要不吝惜赞美之词——"你真棒"、"这样做很好"，使幼儿感受到帮助别人也能让自己获得快乐的道理。这样的成长环境，必将对幼儿亲社会行为的形成与发展起促进作用。

二、在幼儿日常游戏活动中，发挥同辈群体的作用

同辈群体中的交往具有地位平等、交往方式自由等特点。如幼儿园的角色游戏就是一个典型的同辈群体活动，它是一个浓缩了的社会，游

戏中幼儿需要与同伴交往、配合、协商，一切自我中心化的表现都会阻碍游戏的进行。幼儿为了使自己不被伙伴排斥，便会主动抑制自己的个性缺点，从而慢慢地学会谦让与合作。在"娃娃家"，"爸爸"、"妈妈"要悉心照顾"宝宝"，热情招待"客人"；在"医院"，"医生"要为"病人"诊断、开药；在"公共汽车"上，"乘客"上车要买票，主动让座……孩子们在角色扮演中，体验着角色的思想、感受，体验着关爱他人、与人合作的乐趣，逐渐培养了良好个性，学习并遵守社会规则，使自己的思想和行为符合社会规范，产生了利人、利社会的亲社会行为。

三、创设特定的教育情境，加强幼儿移情能力的训练

以社会活动"我会同情"为例，教师创设生活情景：

小玲把小明的新书抢破了，小明哭了。

"小明为什么哭呀？"

"因为小明的新书被撕破了！"

"因为小明怕爸爸妈妈批评他！"

……

教师重点要引导幼儿体会小明的多种情绪成分与哭的原因：一是因为心爱的新书被撕破，感到"心疼"而哭；二是因为自己没做错却被人撕破了书，感到"委屈"而哭；三是对小玲的行为感到"生气"，甚至可能"愤怒"而哭；四是看到撕破的书，不知该怎么处理，"无助"而哭；五是想到回家后不知该如何向爸爸妈妈解释，"担忧"而哭……如果移情体验能这么充分，那么之后的行为引导就十分容易了。孩子们会在情感体验的基础上说出很多帮助小明的办法，如让小玲道个歉、帮助他修书、安慰他、帮助他给爸爸妈妈打电话解释一下……

上述案例就是一种移情体验。移情体验充分了，后面的态度与行为引导就水到渠成，稍加点拨即可。

四、组织形式新颖的活动，让孩子融入社会

参观书店后，孩子们知道了许多不同类别的书。"周围的人都喜欢什么样的书？"孩子们带着疑问，决定以"小记者"的身份采访周围的人，寻找答案。

"我们采访时要注意什么？"

"要有礼貌！"

"怎样做才有礼貌？你能试着做一做吗？"

……

"采访活动"使幼儿的社会交往能力和语言表达能力得到了提高，他们学会了礼貌待人，知道了做任何事情都要多动脑筋，都要付诸努力。有位社会心理学家说："怎样把自然人变成对社会有用的人就是社会化。"教师可利用社区、家庭资源，培养幼儿的亲情、友情、关爱等亲社会行为，提高幼儿的社会适应能力。

五、捕捉孩子身上的闪光点，让孩子形成自觉稳固的亲社会行为

幼儿的亲社会行为是极不稳定的，无论是自觉的还是不自觉的，都需要得到群体的认可。下面这位老师是这样做的：

一次，幼儿园组织孩子们郊游。行动前，老师就安全事项让幼儿进行交流。瑞瑞站起来发言时，旅游包把座椅钩起来，眼看小椅子要摔倒了，坐在侧边的凯凯立即伸手将小椅子扶正，轻轻放平，然后继续端坐倾听同伴讲话。虽然事小，但老师抓住了凯凯此次行为的闪光点，及时在孩子们面前进行详细描述，运用语言强化了凯凯的利他行为，并使其行为得到大家的认可……孩子们从同伴身上获悉亲社会行为的信息，又从同伴身上体会到亲社会行为能带来快乐。

在幼儿亲社会行为的培养过程中，家庭、幼儿园、社会起着极其重

要的作用。相信只要我们共同合作、共同努力，孩子的亲社会行为将更自觉、更稳固，孩子由自然人向社会人的转化将更快、更顺、更稳！

案例 "我不愿……"

师生对话如下：

文文：老师，小宇不借水彩笔给我！

老师：小宇，你为什么不借水彩笔给文文呢？

小宇：我不愿借给他！我奶奶说不能借给别人。

老师：小朋友要互相帮助，你借给他吧！

小宇：不！

老师：你不借算了，我们借别人的。

于是，老师另找小朋友借了水彩笔。

反思：

奶奶叫小宇不借水彩笔给小朋友不一定是出于自私的心理，也许是因为怕弄坏或弄丢。但不管什么理由，小宇不愿帮助小朋友却是事实。有的幼儿不愿把自己的东西与小朋友分享，也是因为家长告诉他小朋友会把东西弄坏、弄脏等。"不愿"已是幼儿的主观态度和倾向，与教育有关。案例中的教师白白丧失了一次教育时机。教师要注意发展幼儿的亲社会行为。

1. 在具体的情境中发展幼儿的亲社会行为

发展幼儿的亲社会行为不能空谈，要在具体的情境中进行，除刻意设置情境外，教师还要善于抓住随机的教育时机。这么活生生的事例，为什么不发掘它的教育意义呢？案例中的教师可引导："奶奶为什么不让你把水彩笔借给小朋友呢？""借给小朋友为什么会坏呢？""我们叫他注意点，借给他试试，看会不会坏，好不好？"

该幼儿把水彩笔借给小朋友之后，教师让他看看水彩笔坏了没有。幼儿通过亲身体验就会知道：原来水彩笔可以借给别人。另外还可以让他看看小朋友用这支水彩笔画的画，让他体验到帮助别人的乐趣。这样不但能让幼儿建构起爱惜物品的经验，还能使幼儿形成乐于助人的品质。

2. 注重移情的运用

在幼儿的亲社会行为培养中，移情的作用是非常明显的。它能让幼儿站在别人的立场进行体验，从而产生亲社会行为。案例中的老师可以对小宇说："小宇，你看你画的画多漂亮呀！文文也想画这么漂亮的画，但他没有水彩笔，多难过呀。要是你把水彩笔借给他就好了。"

我想，小宇听到老师的赞美，会将水彩笔借给文文的。

延伸与讨论

有助于幼儿社会性发展的亲社会行为还有哪些？亲社会行为培养的关键是什么？请结合工作实际与同伴分享交流。

（安徽省合肥市双岗幼儿园　吴庆莉）

7. 任务及规则意识的培养

幼儿期是个体社会性发展的重要时期，任务及规则意识作为幼儿社会性培养的重要组成部分，对幼儿秩序感、责任感的建立及长远发展的重要影响是不言而喻的。幼儿园阶段是习惯培养的关键期，任务及规则意识的培养正是习惯养成的基础。

一、任务意识的培养

1. 家庭"小作业"

幼儿进入大班后，教师有意识地给他们布置一些家庭"小作业"，可以强化他们的任务意识，帮助幼儿顺利地从幼儿园生活向小学生活过渡。例如，下周的手工课是用牙膏盒制作螃蟹，于是教师请幼儿回家收集牙膏盒，并告诉幼儿要用牙膏盒制作一只可爱的小螃蟹。同时教师还告诉幼儿："没带来牙膏盒的小朋友就只能看着别人制作可爱的小螃蟹了。"于是第二天，有一大半的幼儿带来了牙膏盒，在接下来的几天里，其余的幼儿也陆陆续续带来了，保证了手工活动的顺利进行。在欣赏讲评环节，幼儿兴奋不已地拿着自己制作的小螃蟹玩来玩去，教师对所有的孩子给予了表扬，让他们明白是因为自己记住了老师分配的任务，才体会到这种喜悦。

教师还可以根据幼儿园活动的内容，每天布置不同的"小作业"，比如，让幼儿把一些学过的儿歌朗诵给家长听，将创编的故事讲给亲友听，请幼儿和家长一起做一件小制作，等等。教师可以改变以前写通知的形式，让幼儿把任务转达给家长，这样的作业既加强了幼儿的任务意识，又能够培养幼儿准确转述他人意图的能力。

2. 把任务画下来

班级要开展"蛋糕店"游戏，教师让幼儿回家参观蛋糕店，了解制作蛋糕所需的材料及步骤等。第二天教师组织幼儿讨论时发现完成任务的寥寥无几，影响了活动的顺利开展。其实，这种情况在幼儿园里是非常普遍的，教师虽然经常布置带物品、找资料等任务，但基本是口头任务，不少孩子在接到任务时摩拳擦掌，但回到家一看动画片，把任务早抛到九霄云外去了。

针对这种情况，教师可以引导幼儿自己动手设计一些图示来记录任务。如请幼儿第二天带一盆植物或者带春游需要的一些物品，幼儿可以在纸上画下这些任务，带回家后再把任务内容告诉爸爸妈妈。经过这样的训练，幼儿在初入小学时也会用自己的方法记住老师布置的作业和任务。

3. "打电话"游戏

幼儿任务意识的形成离不开记忆能力和语言理解能力。小班幼儿由于理解能力较弱，常常听不懂教师的指令，记不住教师的要求。就此，教师可以利用一些语言游戏有意识地训练幼儿记忆任务的能力。

例如"打电话"游戏是小班幼儿都喜欢的游戏，他们会经常拿起话筒和爸爸妈妈说话。教师抓住幼儿的这一特点，扮演"妈妈"，对幼儿说："宝宝，请你帮妈妈从书架上拿本书好吗？"这看似是一个角色游戏，实际上可以锻炼幼儿的记忆能力。教师可以根据幼儿的情况增加或减少语言的信息量，循序渐进地来练习。

教师在培养幼儿任务意识的过程中，要坚持鼓励多于批评。如果幼儿完成了任务，及时肯定和鼓励，或者给予一些直观性的奖励，如发放一朵小红花，或设置一面小墙饰，记录幼儿的表现。这些方法都会对幼儿产生激励作用，促使幼儿乐意接受任务，增强其信心，强化幼儿的任务意识。

二、规则意识的培养

1. 看得见的规则

为了减少干预，让幼儿学习自我管理，教师可以将规则隐含于简单形象的标记符号中。如在训练小班幼儿沿着楼梯的右侧上下时，虽然教师不断地强调、提醒，但碰撞、拥堵现象还是时有发生。于是教师在上下楼梯的地方分别贴上"小脚印"的图标，并用不同的颜色区分。幼儿借助小脚丫的图标，就能主动、愉快地沿着楼梯的右侧有序地上下。这样做既避免了老师一次次的提醒、说教，又有利于幼儿养成上下楼梯时的自律行为。

在幼儿园里我们随处可以看到"规则"：游戏区角贴上几个可爱的挂钩（挂进区卡），暗示各区角游戏的人数；图书柜上贴上各种图形，提醒幼儿归类摆放……这些图标展示的规则，幼儿非常乐意接受。

2. 自己制定的规则

在幼儿园里，有许多需要遵守的规则，以保证幼儿的生活、游戏安全有序。教师可以和幼儿共同讨论，使幼儿意识到维护大家的安全与健康是他们共同的责任。如在一日活动的喝水环节总是容易出现拥挤现象，教师可以引导幼儿讨论：这样拥挤会出现什么样的后果？怎样可以避免拥挤？在讨论中幼儿运用自己的经验制定规则，不但有利于幼儿对规则的认识和理解，更有助于他们对规则的遵守和执行。

3. 用"体验后果法"让幼儿理解规则

在实际生活中，想让孩子真正了解规则、遵守规则是相当不容易的，当孩子违规时，我们就要让他承担后果，负起责任。

例如，由全班幼儿提议并通过的"不能在桌子上乱涂乱画"规则，在每次美术活动前教师都会提醒幼儿，但总有个别调皮的孩子"忘记"。面对这种情况，教师可以让幼儿体验一下自己的行为产生的后果：停止画画，并且用抹布擦干净桌子（画在桌上的笔印很难擦掉）。这种体验让幼儿记忆深刻，从而在下一次画画时学会自我控制。但这种方式不应在活动中经常使用，因为这样会伤害孩子的自尊心，使孩子产生消极情绪。

案例　班级里的"一米线"

早操结束，孩子们把皮球放到体育区后三三两两地进入盥洗室洗手、喝水。"刘天宇，你插队！""王浩明不要往前挤。"……每到这个环节，就经常会出现你推我挤的现象，水洒了一地，我们提醒过多次，可是效果不明显。于是我和孩子们就"喝水时怎样才能不拥挤"这个问题展开了讨论。孩子们都知道喝水时应该排队。"但为什么还会有小朋友觉得挤呢？""怎样才能避免水洒一地呢？"刘青青小朋友说："老师，我们可以用栏杆隔开，就像银行那样。"我对此给予了肯定，但问题是空间那么小，再摆上栏杆就更不方便了。于是，新一轮的讨论又开始了，最终大家一致通过了"一米线"这个方案。即在保温桶前一米处贴上一条红线——"一米线"。排队等待的小朋友要站在"一米线"之外，等接水的小朋友走了之后，才能过去。这样洒水的问题就解决了。接下来，我把这个规则迁移到了幼儿园一日活动的其他环节。

现在再看看，孩子们都非常安静认真地站在"一米线"外等待着。有个别幼儿插队，还没等我开口，其他孩子就已经把他叫住了。由此可见，幼儿参与制定规则，有利于幼儿自我约束、自我规范。

延伸与讨论

幼儿社会性发展的重要表现是社会适应性，除了规则意识和任务意识，幼儿的社会适应性还表现在哪些方面？发展幼儿社会适应性的关键是什么？请结合工作实际与同伴分享交流。

（安徽省合肥市大西门幼儿园　梁晓燕）

8. 科学探究活动

幼儿园的科学探究活动是幼儿根据已有的生活经验，在教师提供的环境中，主动地去观察、探索，发现问题、解决问题的过程。不难看出，幼儿科学活动的关键就在"探究"，那么如何进行科学探究活动呢？

一、给幼儿提供丰富多样的探索材料

科学活动中的材料一定要来源于生活并具可操作性，比如水、纸、沙、瓶子、杯子、绳子、泡沫塑料袋等材料都是孩子最为熟悉的，它们对孩子有着极大的吸引力。

如大班的科学活动"会吸水的纸"，活动开始，桌上摆满了各种不同的纸（报纸、蜡光纸、毛边纸、牛皮纸），老师让孩子们用手去感知，并让他们说说这些纸的不同之处。因为老师提供的这些不同种类的纸都是孩子们生活中常见的，所以他们能较容易地掌握这些纸的特点。活动中老师还鼓励幼儿动手操作，将这些纸叠成纸花、纸杯、纸条等，以备在后面的实验中使用。在科学探究活动中，教师要避免过多乏味的讲解、演示，要尽可能提供丰富的可操作的材料，以激发幼儿主动探究的欲望。

二、教师设疑，幼儿猜想

如果要求幼儿独立提出问题，他们可能会遇到困难，这就需要教师的引导。猜想即让幼儿就某个未知现象、问题产生或可能产生的变化进行充分想象。

在"会吸水的纸"活动中，老师在带领幼儿感知每种纸的特点后，问：“如果把这些纸放进水里会怎么样？”“会湿。”孩子们齐声说。“对，纸会吸水。”老师紧接着提出最关键的问题：“如果把这几种纸同时放进水里，哪一种纸会最先吸水呢？”孩子们愣住了，老师鼓励说：“你们猜一猜！”这时孩子们纷纷猜想，答案不一。老师听后说：“你们都有自己的想法，但到底哪一种纸最先吸水呢？我们一起动手试试看，找出答案。”

当幼儿提出猜想后，教师不是急于评判，而是在接下来的活动中为幼儿创设一个机会，为下一步的实验探索引入一个明确的方向。幼儿的猜想可能会有一些错误，这时教师不要马上简单地指出幼儿的错误，而要让幼儿在实验中发现自己的错误，从而推翻错误的假设。在这个活动中，教师正是通过设置悬念来激发幼儿的探索欲望的。

三、实验操作和观测

教师应设计符合幼儿能力的实验，实验的形式可不同，但目的是相同的。教师不必过多干涉，应及时给予必要的引导、帮助和支持。

在活动的实验操作阶段，有的孩子选择的是纸花开放的实验：用提供的纸叠四种纸花，同时放入水中，观察哪种纸花先开放；也有的孩子选择了纸杯倒水的实验：用提供的四种纸叠四个小纸杯，用夹子固定好，同时把水倒入杯中，观察哪种纸质的杯子先漏水；还有的孩子把四种纸剪成相同的长纸条，用夹子夹住，四种纸条的下方分别放着四杯有颜色的水，看哪种颜色的水纹上升最快。孩子们饶有兴趣地操作，仔细地观察实验过程，老师观察着幼儿的操作，并及时鼓励幼儿将自己的发现表达出来。

四、实验结果记录和验证

记录是科学活动的重要组成部分，是培养孩子尊重事实的科学态度与精神的重要手段，而且有助于幼儿建构科学知识与经验，为最终形成科学的概念、原理奠定基础。记录可以是个人记录、小组记录或集体记录。

在"会吸水的纸"活动中，采用的是小组记录，老师共设计出三种记录图，分别对应纸花开放组、纸杯漏水组、纸条吸水组。孩子们在仔细观察实验过程后，在相应的记录表中记录了四种纸吸水的先后顺序。他们发现了毛边纸最先吸水，其次是报纸、蜡光纸，最后是牛皮纸。孩子们把实验结果记录了下来，如下图所示：

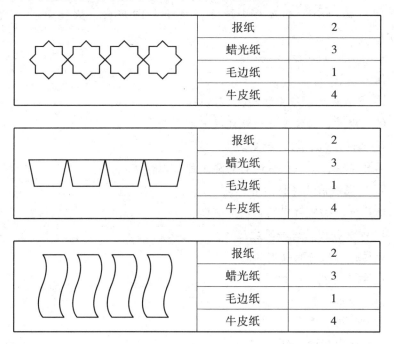

		报纸	2
		蜡光纸	3
		毛边纸	1
		牛皮纸	4

		报纸	2
		蜡光纸	3
		毛边纸	1
		牛皮纸	4

		报纸	2
		蜡光纸	3
		毛边纸	1
		牛皮纸	4

幼儿用适当、简明的形式把实验结果记录下来，这样就更容易看出规律。记录完结果后，老师让幼儿把自己的实验结果表达出来，然后进行验证，得出结论。得出结论后，教师进一步和幼儿互动：为什么毛边纸吸水最快，牛皮纸最慢呢？幼儿通过亲身探究，总结出结论：软薄的纸吸水快，硬厚的纸吸水慢。

案例　中班科学探究活动"磁铁的奥秘"

材料提供：

1. 藏有若干物体的沙盘：硬币、钥匙、玻璃球、雪花片、棉花、铃铛、螺丝钉等。

2. 物品标记卡，记录表。

3. 沙盒与针，水盆与小汽车，瓶子与回形针，铃铛和豆子（各一份）。

4. 人手一块磁铁。

探究环节：

1. 魔术表演"沙中取物"，引出磁铁。

幼儿观看，初步感知磁铁能吸哪些东西。

2. 教师设疑，幼儿猜测。

结合记录，猜想提供的材料能不能被磁铁吸引。

3. 发现磁铁的特性。

幼儿利用磁铁做实验，教师巡回指导。

4. 师幼共同验证并再次记录。

小结：磁铁会吸铁制品。

5. 幼儿游戏，巩固对磁铁的认识。

（1）沙中取针

（2）打捞小汽车

（3）瓶中取回形针

（4）巧分铃铛和豆子

附：

记录表

☺ ✓	☹ ✗

分析：

幼儿在日常生活中大多接触过磁铁，如文具盒、钱夹等，只是这些磁铁都包裹着一层"漂亮的外衣"，也正是磁铁这种不轻易暴露在外面的特点，让它变得很神秘，更容易引起幼儿探究的兴趣。

案例中重点在于科学概念的建构，难点在于如何让幼儿在学习、探索的过程中逐步养成良好的科学实验习惯。科学活动是"设疑——假设——实验——初步结论——验证结论——确认结论"的过程。

活动开始，进行"沙中取物"的魔术表演，当幼儿看到含铁的物体从沙中跳出来时，露出非常惊奇的表情。此时，磁铁的引出顺理成章，接下来提问：磁铁能吸引什么东西？幼儿自由、大胆地猜测，并将预测的内容粘贴在"假设展示表"中，之后幼儿大胆实验，用磁铁测试每个物品，并根据测试结果更正"假设展示表"中的内容，得出最终结果：磁铁能吸引含铁的物体。接下来幼儿自由选择四组科学游戏："打捞小汽车"、"瓶中取针"、"沙中取物"、"巧分铃铛"。幼儿从前面的实验中已了解了磁铁的特性，因此幼儿很容易就完成了这四组科学游戏。

整个活动中，幼儿的兴趣都很浓。在探究的过程中巩固了幼儿有关磁铁的概念，在游戏中检验了幼儿的观察能力和探索能力。

延伸与讨论

教师在科学探究活动中应如何指导并鼓励幼儿进行深入探索？具体策略有哪些？科学探究等同于幼儿"动手"吗？试结合工作实际与同伴交流讨论。

（安徽省委机关幼儿园　卜俊俊）

$\mathscr{9}$. 科学区活动

科学区是幼儿最感兴趣的活动区之一，也最能激发幼儿进行观察和探究，并能丰富幼儿的知识。对于天真烂漫的孩子来说，科学不是公式、定义，它是身边的花草鱼虫，是常见的风云雨雪，是有趣的活动，是欢乐的游戏。所以教师要发挥自己的教育机智，创设丰富的科学区并有效地开展活动。

一、科学区的环境创设

1. 自然角的创设和区域划分

自然角是供幼儿饲养小动物、栽培植物、陈列收集的实验用品的场地。自然角应设置在幼儿方便观察的范围内，可在幼儿园的室内、廊沿或活动室的一角，用阶梯式的架子放置比较科学，这样有层次、可分类，也比较美观。提倡利用废弃物品来种植，如塑料瓶、酸奶杯、冰淇淋盒等，安全且不易碎。此外，自然角里还可划分区域，如植物区域和动物区域，便于幼儿观察和操作。农村幼儿园有着得天独厚的有利条件，完全可以开辟一块种植区，供幼儿种植、管理。

2. 科学操作区的设置和材料提供

科学操作区的位置可以和自然角毗邻，布置应新奇有趣，让幼儿产生好奇心。区域也可细分，如科学玩具的制作，可提供一些纸杯、气球、纸、线、玻璃球、皮筋、胶布、剪刀等，供幼儿制作好玩又富含科学原理的玩具。此外，还可提供一些成品的科学小实验材料，供幼儿动手实验，如磁铁、电池、电线、灯泡、木块、糖、盐、白醋等。幼儿在实验区里积极主动地制作并尝试变换材料，在操作、比较、研究、探索中，了解了有趣的科学现象，同时也增强了幼儿主动探索科学的兴趣。

二、科学区的活动开展

我们要努力使科学区的每一件材料、每一项内容都能与幼儿互动，与幼儿"对话"，让幼儿真正成为科学区的主人。

1. 自然角里的秘密

在自然角里，很多动植物时刻都吸引着幼儿。例如，一位幼儿趴在鱼缸旁目不转睛地盯了将近二十分钟，发现"金鱼的眼睛不会动"，还发现小金鱼的尾巴向这边晃动时头就朝另一边游去；还有两位幼儿用放大镜观察蜗牛吃草时嘴的样子。这时教师就要立即捕捉孩子的关注点，可成立一个"科学发现报告栏"，鼓励幼儿把发现的这些现象说出来或画出来，也鼓励其他幼儿把发现的秘密和问题收集起来，一起去寻找答案。有的家长在看了报告栏后也加入了探究的行列，帮助查找资料。一个幼儿的发现引发了许多幼儿前去探究验证，幼儿之间也能互相启发、互相学习，这不仅促进了幼儿间的互动和经验分享，还增强了幼儿对自然角的观察兴趣。

2. 科学操作区里的发现

开展科学小实验是一件很有意义的事，幼儿在独自玩弄器具、材料时，会发现某个有趣的问题，于是展开猜想、操作、观察、验证与解释。如中班科学操作区里的"沉浮实验"，教师与幼儿共同收集了积木、扣子、铅笔、毛巾、铁钉、小木棍、石块、瓶子、塑料玩具等，请幼儿猜想各种物品在水中的沉浮状态。孩子们兴高采烈地投入到实验中来。"铁钉沉下去了。""我的积木能浮起来。""毛巾怎么沉下去了呢？"幼儿边操作边讨论，并记录各种物品在水中的沉浮状态，尝试自己说出沉浮与物体的体积、重量、质料的关系。

实践告诉我们，幼儿园开展科学区活动，可使幼儿科学活动的方式发生变化。我们要让科学区充分体现其应有的价值，让幼儿成为真正的主人，这才是设置科学区的最终目的。

案例　大班科学区材料投放表（春季）

科学自然角	科学操作角
植物： 1. 种子类：黄豆、绿豆、花生等。 2. 插养：桃花、迎春花、柳条等春季植物。 3. 盆栽植物：不同的茎、叶、花、果实的植物。	观察区： 1. 小蝌蚪、蚕宝宝的生长变化图，与季节相关的材料等。 2. 陈列幼儿收集的干电池、蓄电池、锂电池、手电筒等。 3. 放大镜、望远镜、万花筒等。
动物： 饲养小蝌蚪、蚕宝宝、小兔、小蚂蚱等。	DIY 制作区： 1. 风筝、风车、陀螺、万花筒。 2. 各类电池、电线、小灯泡等。
种植园： 白菜、黄瓜、西红柿等。	实验区： 1. 放风筝、风车比赛等。 2. 拆装手电筒、有趣的影子、会跳舞的小纸屑等。
记录区：对应植物或动物的记录本。	记录区：对应的实验记录表。

分析：

幼儿园科学区材料的投放和内容的设置，形式可以是多样的。幼儿对季节性的动植物较感兴趣，所以我们可以根据季节来选择适宜的动植物。同时设置的内容还需符合幼儿的年龄特点。小班的自然角品种不宜过多，以成品类为主。中、大班的品种可丰富一些，适宜投放生长周期稍长的动植物。幼儿在教师的指导下照料、管理动植物，记录动植物的生长过程。

从表格中可以看出，科学操作角中的内容也可与自然角有所联系，如春季在自然角里饲养了小蝌蚪和蚕宝宝，操作角里就可制作一些与之相关的生长变化图，供幼儿观察和排序操作。还可制作风筝、风车，利用风力进行实验游戏等。

还可根据幼儿的已有经验，设计出符合幼儿认知特点的科学游戏。可以通过发现近期班中幼儿的兴趣点来提供相关的科学内容，确定主题，且区域内容要与主题同步。从案例中不难看出，这个大班正在进行主题活动"神奇的电"，所以相应的实验区里就提供了与电有关的材料，如各类电池、电线、小灯泡等，陈列了幼儿收集的干电池、蓄电池、锂电池等，供幼儿观察比较；拆装手电筒，让幼儿知道电池的正负极并学会安装。教师要从一点向四周辐射，与主题渗透，设计与之相关的一系列科学活动，让幼儿更好更全面地了解相关知识。

延伸与讨论

　　1. 如何避免幼儿园自然角的形式化和单一化，使幼儿真正投入并参与自然角活动？试举例说明。
　　2. 在幼儿园科学区活动中，教师应如何处理幼儿的自发探究结论与科学结论不相吻合的情况？试举例说明。

（安徽省委机关幼儿园　卜俊俊）

10. 生活中学数学

　　数的概念对于幼儿来说往往是抽象的、难以理解的，数的概念的形成单纯依靠幼儿园的教育活动是远远不够的，更有效的方法就是将数学教育融入一日生活中。让孩子从生活中感知有趣的数学现象，初步建立数的概念，最终运用数学知识解决一些简单的生活问题，是幼儿园数学教学的基本步骤。

一、引导幼儿从生活中发现数学

　　生活中处处有数学。我们身边形形色色的事物，都能提供给我们诸多的数学信息。例如，孩子们发现车轮是圆的，很多屋顶是斜的。回家的途中幼儿能发现各种数学信息（如几辆车、几个行人、几朵花），幼儿园里也有各种数学信息（如几扇窗户、几张桌子、几把椅子、几个小朋友）。这些数学信息或分散或隐蔽，但都切切实实地存在于我们的身边，只是需要我们引导孩子去关注、去体验。

二、创设学数学、用数学的生活教育环境

1. 在生活中渗透数学知识

　　已有的生活经验是幼儿理解数学知识的基础。例如为了让幼儿的日常生活中多蕴涵一些数学知识，我们将幼儿的日用品、学习用品、进区卡、晨检袋的插牌位置统一编上幼儿的学号，这样幼儿对自己和别人的学号就会很熟悉；在学习相邻数之前，让几位幼儿找到自己的邻居，并手牵着手向大家介绍自己的两位邻居。又如学习分类之前，要求幼儿根

据"筐子"的标记收拾整理桌面的玩具，其标记有时是不同颜色的，有时是不同形状的。实践证明这一教育方法可行，是幼儿学数学、用数学的良好途径。

2. 在区域活动中提供丰富多样的操作材料

数学活动区是幼儿观察、操作、探究学习与运用数学知识的最好场所，因此，我们非常重视数学区的材料投放。结合幼儿的生活经验，投放一些能激发幼儿主动探索、有意义的材料，让幼儿根据自己的兴趣与意愿，自由选择活动的材料，自己确定活动的内容和方法，并感知与发现事物之间的关系。如在玩扑克游戏中，幼儿可以通过玩扑克牌来获得大量的数学知识：通过分牌练习分类，通过扑克牌排队练习有规律排序，通过比大小、找对、凑数、加减等运用和掌握简单的数学知识。

3. 在游戏活动中积累数学经验

游戏是幼儿喜爱的活动，把抽象的数学知识与生动活泼的游戏紧密结合起来，能够促使幼儿自发地应用数学，获得有益的经验。如积木游戏体现了空间关系，幼儿在搭建的过程中能获得数、形的经验和知识。玩沙玩水游戏是幼儿十分喜爱的游戏，幼儿通过用各种形状的容器盛装沙和水，感知容量守恒的规律。沙子和水混合后还可垒成多种立体模型，使幼儿感受不同的空间形式。在各种角色游戏中，更有大量学习数学的机会。如在商店的游戏中，幼儿可以将商品分类摆放，并在买卖过程中学习数的加减。又如抢椅子游戏，也可使幼儿比较 10 以内数的大小，学习数的组成、加减和序数等知识。

三、在生活中运用数学

1. 用数学知识解决生活中的问题

数学知识应从生活中来到生活中去，只有将抽象的数学知识运用到生活中去，才能真正做到融会贯通。例如，怎样将 6 块饼干分给 3 个小朋友，怎样将一盒饼干平均放到 6 个小盘中……这时，教师的任务就是引导幼儿利用数的概念进行简单的实际应用，解决简单的问题。教师可在生活中引导幼儿发现一些小问题，让他们自己思考解决。如班级的玩具混在了一起，玩起来非常不便，教师可提出问题："怎样把玩具分类摆放呢?"幼儿可根据已有的数学知识给玩具归类。

2. 在生活中运用抽象的数学知识

对于幼儿来说，时间、空间、方位等数学知识比较抽象，难以理解，这些可在生活中反复渗透。例如，早餐时间是上午 8:15，做操时间是上午 8:45，午饭时间是 11:30，点心时间是下午 3:00，教师要有意识地引导幼儿关注这些时间，观察时钟的变化，久而久之，幼儿就会认识时钟。又如在排练早操和韵律活动中，幼儿学会了向左转、向右转、向后转等动作，也就自然地对前后左右的方位有了初步的认识。

生活中学数学，生活中用数学，让我们都能成为孩子最好的启蒙老师，让每个孩子都善于发现、积极思考、学以致用。

案例　认识钟表

一天，班上的珺珺小朋友从家里带来了一只漂亮的手表。自由活动时他的手表吸引了很多小朋友的目光，他大方地将手表展示给大家欣赏。不一会儿，大家就手表上显示的几点几分争执了起来。其中的一位小朋友找到了老师，大家在老师的引导下观察了长针和短针的指向，最终确定了手表上正确的时间。事后，教师顺着孩子们的意愿组织了谈话活动"有趣的钟表"。在谈话中，孩子们认识到钟表都是可以帮助我们掌握时间的；了解了钟表有很多种类：闹钟、挂在墙上的钟、手表、怀表等；认识了钟表中的数字、指针。紧接着又生成了数学活动"认识钟表"，在数学活动中教师给孩子们提供了可操作的钟表模型。孩子们在教师的引导下动手操作，尝试自己认读时间，初步建立了时间刻度概念。为了让孩子们体验分、秒、时的长度，又开展了"有趣的一秒钟"、"一分钟可以干什么"、"一个小时有多长"等活动，孩子们在游戏、交谈中逐渐感知了时间的概念。

另外，在区域活动中，教师提供了时钟模型和图表，供孩子在游戏中操作。在孩子们有了一定的时间概念后，教师让幼儿尝试着认识钟表："11:30 我们要吃午饭，等时间到了小朋友们互相提醒。""今天下午 3:30 集合，有戴手表的孩子记得提醒老师哦！"教师把数学知识融入了幼儿的日常生活中。

分析：

在案例中，教师捕捉到了生活中的教育契机，并自然地生成了数学活动。孩子们在教师的引导下动手操作，基本掌握了分针和时针的运转关系；孩子们能正确地辨认整点、半点，初步建立了时间概念。在孩子们初步形成时间概念后，教师在生活中潜移默化地引导孩子运用数学知识，如自己掌握吃饭时间、每天到园的时间等，真正达到学以致用。案例中教师的做法既可让幼儿获得初步的数学知识，又可逐步提高幼儿解决问题的能力。

延伸与讨论

　　1. "生活中处处有数学"，你认同这句话吗？请结合你的工作经验，谈谈在幼儿园一日生活中哪些地方可以用来学数学、用数学。举例说明并与同伴交流分享。
　　2. 在幼儿园之外的生活中，还有哪些场合可以用来学数学、用数学？你对家长有何建议？

（安徽省合肥市林旭幼育幼儿园 孙　慧）

11. 操作中学数学

幼儿的思维主要凭借动作和事物的具体形象完成，他们所获得的知识经验往往是通过自己的动手操作和亲身体验来实现的，因此，操作法成了幼儿学习中常用的一种方法。幼儿在与材料互动的过程，也正是幼儿主动获取物体间数量关系、建构数学知识经验、实现外部动作向内部思维活动转化的过程。

一、设计合理的操作材料，让操作活动有效地辅助幼儿的学习

什么样的操作材料才是最适合幼儿的，这是教师首先要思考的问题，我们从以下几方面给予建议：

1. 变抽象为具体，设计易于操作的材料

在设计数学操作材料时，要把抽象的知识进行物化，变成看得见、说得清的学具，让孩子通过具体的操作，感知数学知识的内在联系。如在认识椭圆形的活动中，为幼儿提供钢丝圆圈，让幼儿挤压钢丝圆圈，变成椭圆形，再提供圆形和椭圆形片，让幼儿在比一比、变一变中感知椭圆形与圆形的不同，从而形成椭圆形的概念。

2. 变呆板为灵活，设计一物多用的操作材料

单一呆板的学具会使幼儿感到乏味，而灵活多变的数学学具能激发幼儿的操作兴趣。因此在设计数学学具时，要注意让学具活起来。如扑克牌就是学数学的活学具，它可用于比大小、找相同、数字接龙、排序等，通过不同的操作获取不同的经验，它的多种玩法可让幼儿百玩不厌。

3. 变模糊为明白，设计具有暗示性的操作材料

数学材料应具有暗示性，引导幼儿在操作中边玩边思考，明白其中蕴涵的数物关系。如在"给袜子配对"活动中，教师提供了各种各样的袜子卡片让幼儿进行搭配，所提供的材料暗示了袜子配对的方法：幼儿必须考虑大小、颜色、花纹、形状等才能进行配对。在操作中，幼儿就会借助材料的暗示，观察思考，完成活动任务，以提高幼儿多角度认知事物的能力。

4. 变整齐划一为层次多样，设计面向全体的操作材料

幼儿对某个数学概念的理解和掌握需要丰富多样的活动和经验支撑才能达成，他们获得经验的过程是由浅入深的。另外每个个体的发展存在差异，这就需要教师提供多样化和有层次的操作活动。如在中班数学活动"按规律排序"中，教师提供了按范例追加排序、按所给特征排序、观察排序规律填空缺、自选规律排序等，层层递进的活动可让幼儿根据自己的情况，选择难度适宜的操作活动，让幼儿在不同程度上都得到发展。

二、教师适时地介入指导，让操作活动有效地支持幼儿的学习

在操作过程中教师要注重观察孩子的操作，并巧妙地介入指导，使幼儿在操作中有更多的收获。

1. 寻找最近发展区，搭建适当的学习桥梁

教师要了解每个孩子的最近发展区，有目的地让操作材料引起幼儿的认知冲突。在操作中给予适当的指导，引导幼儿将原有的知识经验与新经验相连接，促使幼儿进行积极有效的探究，获得新经验。

2. 耐心观察幼儿的反应，适时提供情感支持

教师应为幼儿提供适当难度的操作内容，激发幼儿探究的兴趣。为

了促成这种学习，教师应耐心观察，在适当的时候，恰当地运用鼓励、表扬等手段，使幼儿的学习热情始终保持在最佳状态，引导幼儿克服困难，体验成功感。

3. 提供自主学习的机会，引导幼儿主动获得知识

在操作活动中，幼儿需要一个完全自由的时空，从而在不断尝试错误的过程中寻找到解决问题的有效办法。教师应帮助幼儿发现错误，让幼儿自我纠错，而不是直接给幼儿答案；对待"慢一拍"的幼儿，教师需要有耐心。

三、提供充足的操作时间，让操作活动满足不同幼儿的需要

由于幼儿个体间存在着差异，操作活动要满足不同幼儿的需要。

缺乏生活经验、思维不够敏捷的幼儿，面对新的数学概念往往不能快速反应，所以教师应注意给这样的幼儿充足的操作时间以思考和内化，切勿为了获得短暂的效应而剥夺他们自主获得经验的机会。

对于思维活跃、对操作活动兴趣浓厚的幼儿，教师也要给他们充足的时间和充分表现的机会，满足其探究欲望，帮助他们获得更宽泛的知识经验，如发挥他们的带动作用，让他们与同伴分享自己的新经验等。

案例　大班数学活动：认识球体

活动目标：通过观察比较，在操作活动中认识球体的主要特征；在活动中大胆说出自己的想法，体验与分享探索的成果；能运用多种感官，动手动脑，识别球体。

操作材料："圆圆的世界"（内有会滚动的物体：圆片、海洋球、乒乓球、弹珠、圆柱、橄榄球、方形积木块）、胶泥、表格人手一份。

操作过程：

第一个环节：调动幼儿的视觉，通过观察巩固对圆形特征的认识。

第二个环节：认识球体，进行四次操作活动。第一次，初步感知球体。幼儿在"圆圆的世界"里寻找圆形的东西。第二次，认识球体特征。

让幼儿通过玩一玩、比一比，逐步归纳，提炼球体的特征，并用记录的方法展现球体的特征。第三次，辨认球体。让幼儿从"圆圆的世界"里找出球体物品，再次感知球体的特征，并注重个别引导。第四次，制作球体。请幼儿用橡皮泥给圆形娃娃做一份球体的礼物，进一步加强对球体的认知。

第三个环节：巩固运用。请幼儿和爸爸妈妈一起完成表格，找出家中的球体以及与球体相似的物体；利用球体制作一个小玩具。结合幼儿的生活实践，进行第五次操作，进一步巩固对球体的认识。

分析：

认识球体，对于大班幼儿来说是一个新的数学概念的建立，如何帮助幼儿建立新概念，操作活动是最佳的学习方法。在上面的活动中，我们不难看出教师的巧妙构思。

1. 操作材料提供方面：在"圆圆的世界"里提供了与球体有关的操作材料（圆片、各种球体玩具、方形积木块、橄榄体等），这些东西好玩且能体现球体的特征；材料是幼儿常见且常玩的东西，便于幼儿操作；用表格记录着形状、动态和方位的特征，对幼儿概念的建立具有暗示性；幼儿在玩这些圆圆的东西的过程中发现球体与其他物体的异同，自然而然地将具体的外形特征内化为概念。

2. 操作活动安排方面：教师给幼儿提供了五次操作活动。第一次操作活动，让幼儿初步感知球体，知道球体是圆圆的；第二次操作活动，让幼儿进一步感知球体的特征，玩一玩，感知球体的可滚动性，且能朝不同的方向自由地滚动，采用表格记录，帮助幼儿梳理球体的特征；第三次操作活动，帮助幼儿巩固对球体的认识，让幼儿通过观察、比较，较熟练地掌握球体的特征，特别是尊重个体差异，对个别幼儿进行引导；第四次操作活动，让幼儿自己动手制作球体，从而真正形成球体的概念。在延伸活动中，又一次运用了操作活动，教师布置了让幼儿和家长找球体物体、制作球体玩具的任务，帮助幼儿进一步了解球体在生活中的运用，懂得数学知识来源于生活，要应用于生活。

1. 在数学活动中，你在材料提供方面做过哪些思考？你觉得什么样的操作材料对幼儿学习数学有帮助？

2. 在数学操作活动中，你认为自己应该给幼儿什么样的支持？

（安徽省委机关幼儿园　裴章梅）

12. 音乐感知与欣赏

　　音乐感知是通过听觉器官对音乐作品的旋律、节奏、音色、力度、速度的感性认知活动；音乐欣赏则是怀着由衷的欣喜热爱之情，主动追求从音乐中获得自我满足和自我体验的过程。如何采用幼儿喜欢的方式，帮助幼儿打开多种感知通道，让幼儿在与音乐形象互动的审美过程中，积极主动地感知和欣赏音乐，进而由感知的水平上升到欣赏的层次，是一线教师应该关注的问题。

一、音乐感知与欣赏的起点

　　好的音乐作品对幼儿有一种天然的吸引力，因此教师首先要重视音乐题材的选择。音乐题材应该是宽泛的，经典童谣、世界名曲、传统戏曲、网络游戏音乐等，只要设计合理，都可选用。

　　音乐活动内容的安排应遵循从简到繁、由易到难的原则。年龄越小的幼儿越喜欢重复。例如，小班的音乐欣赏活动"我爱我的小动物"，唱的是小狗、小猫、小鸡和小鸭等孩子喜闻乐见的动物形象。而这些动物的叫声，更是孩子们乐于模仿的。除了动物的名称和叫声，其他的歌词都是一样的，因此，孩子们一听就喜欢，再听就放不下了，多听就会唱了，并且还能自主创编动作进行表演。

二、音乐感知与欣赏的方法

1. 创设与作品主题相适宜的教学环境

　　让幼儿感知音乐有多种模式。幼儿的思维具体形象，易受环境气氛的影响。通过气氛渲染，使幼儿产生情感共鸣，是音乐教学成功的第一步。教师可以在音乐欣赏教学中，通过图画、文字、语言的描绘来创造音乐的意境；在韵律活动中，可选用图文结合或者讲故事的形式将幼儿直接带入有关的音乐情境之中。

2. 游戏化教学的巧妙运用

让孩子不乏味地感知和欣赏，是音乐活动设计的重难点。音乐欣赏过程以听为主，以动为辅。随音乐有序地做简单动作，例如拍头、拍肩、踩脚等，以此感受音乐的节奏，是音乐活动简便易行的方法。再如耳熟能详的"猫捉老鼠"、"大灰狼和小白兔"等故事改编的音乐游戏，也深受小朋友的喜爱。

3. 图谱在教学中的有效运用

声音是看不见摸不着的，要让幼儿感受声音的高低也是不容易的。教师在音乐教育活动中应该有意识地利用视觉和动觉来帮助幼儿感受声音的高低。运用图谱表达，对于音乐教学来说，是很好的补充方式。比如欣赏歌曲《我们的田野》时，教师运用与歌词内容相匹配的图片，让幼儿边看图片边听歌曲，幼儿轻松地领悟了歌曲与图片之间的联系，很快理解了音乐的形象和内容。

4. 音乐材料的再加工

在打击乐教学中，改变幼儿熟悉的音乐材料，让动作与乐器相配合，有利于促进幼儿节奏感的发展。教师与幼儿一起讨论用什么样的节奏、什么样的乐器，以及各项乐器该怎样配合，将有利于提高幼儿感受和欣赏音乐的能力。如在韵律活动"做家务"中，教师运用视频教学形式，让幼儿体会到小动物们做家务时不同的音乐形象，了解音乐的结构，产生主动模仿小动物做家务的欲望。在幼儿熟悉乐曲结构的基础上，请幼儿自行分工，同一乐段中，运用身体动作的变换以及不同的分组合作动作，可以体现同一作品的不同表现版本，从而激发幼儿内在的学习动机，使幼儿的情绪始终处于积极的状态。

5. 多通道参与音乐活动

心理学家认为，人在认知过程中开放的感觉通道越多，理解也就越全面越深入。幼儿欣赏舞蹈必须对其音乐有较为深刻的感受，但幼儿在欣赏舞蹈的过程中往往会视觉优先，只注意舞蹈的动作美，而忽略舞蹈的音乐美。因此，在设计舞蹈欣赏活动"小马放飞"时，教师将舞蹈的音乐放在准备活动中让幼儿先行感知，为欣赏舞蹈作铺垫。引导幼儿多渠道感知舞蹈的动作美，通过看一看、想一想、做一做，使幼儿多感官参与，全面深入地体会舞蹈的动作美。

三、在一日活动中感知与欣赏

为了培养幼儿参与音乐活动的兴趣，发挥音乐教学潜移默化的作用，教师可在一日生活的不同环节播放不同类型的音乐作品。比如，在早餐时，播放舒缓的轻音乐，营造温馨休闲的情调；在进行体育活动时，选择一些节奏明快、令人欢欣鼓舞的音乐；在语言交流活动中，配上一些宁静典雅的背景音乐。这样，音乐在幼儿的记忆中形成一定的表象，他们就会在不经意间感受音乐的不同魅力。

总之，音乐欣赏活动更侧重幼儿对音乐的感受与体验，表达在这里是为感知和理解服务的。欣赏中的动作参与，不在于习得动作，而强调理解音乐，动作本身应是低难度或无难度的。欣赏中的语言参与，主要使用富于幻想、情感丰满、词句优美的文学性语言，尽量不用分析性的理性语言。音乐是情感的艺术，"以情育情、以情育人"是音乐欣赏教学的终极目标。让我们带领孩子用心聆听音乐，用心感知音乐，用心欣赏音乐，在音乐所表达的真善美的意境中，净化心灵，陶冶情操，启迪智慧，健康成长。

教学案例　中班音乐欣赏《星星和玉兔》

活动目标：

1. 借助童话故事，感知乐曲结构。

2. 能根据音乐的变化做出星星与玉兔的动作。

3. 在自由表演时能与同伴共享空间，不相互碰撞。

活动准备：

1. 夜空背景图一张，星星、玉兔双面磁性教具（一面睁眼，另一面闭眼）若干。

2. 《星星和玉兔》的乐曲磁带。

3. 自编童话故事。

活动过程：

1. 以《星星和玉兔》的故事引出课题。

2. 教师随乐曲出示背景图，演示磁性教具，让幼儿倾听并初步感知乐曲旋律。

3. 将故事与乐曲结合起来，引导幼儿了解乐曲结构。

4. 教师随乐曲指图，启发幼儿仔细倾听，并分辨出表现星星与玉兔的不同乐段。

5. 教师分段演唱乐曲曲调，鼓励幼儿创编动作来表现乐曲的不同乐段。

6. 请幼儿完整地欣赏音乐并随乐曲表演。

教师当玉兔，幼儿当星星，教师与幼儿合作表演。（"玉兔"跳舞时，"星星"边看边有节奏地拍手。跳完舞，"玉兔"按节奏轻拍"星星"，表示数星星，被拍的"星星"要对"玉兔"眨一下眼睛。）

（案例提供者：安徽省政府机关幼儿园　刘　氢)

附：

星星和玉兔

晴朗的夜空，有一个弯弯的月亮，弯弯的月亮上面有一只可爱的小玉兔。

晴朗的夜空，有许多许多小星星，一闪一闪地眨着晶亮的眼睛。

小星星一看见小玉兔就高兴地跟她打招呼："玉兔姐姐，你好呀，我们是小星星。"小玉兔看到有这么多小星星跟她做朋友，也非常高兴。她跳起欢快的舞蹈给小星星看，小星星边看边为她的舞蹈拍手伴奏。跳完舞，小玉兔又认认真真地数星星，一颗、两颗、三颗……被小玉兔数到的小星星对她调皮地眨一下眼睛，他们玩得非常开心。玩着玩着，星星累了，慢慢闭上眼睛睡觉了，玉兔也安安静静地休息了。

分析：

此活动采用了多通道参与的教学模式，教师在组织活动时，用窗帘遮住自然光线，以柔和的灯光创设一种梦幻般的情境，并以一段有趣的故事和一幅生动的图画将幼儿引入童话般的世界。伴随优美、动听的音乐，幼儿很自然地将自己想象成夜空中调皮的星星或可爱的玉兔。教师一边用手指着星空图，一边哼唱歌曲的旋律，以引导幼儿视觉、听觉同步感受。幼儿随音乐尽情享受着旋律的重复、节奏的变化所带来的遐想与喜悦，充分体验作品所表达的情趣，在听觉感知的基础上，享受创造想象的愉悦。

延伸与讨论

　1. 在音乐活动的选材上，除了经典的儿童音乐，流行音乐、网络歌曲往往也深受幼儿喜爱，这些能否成为幼儿音乐活动的内容？

　2. 现在不少家长让幼儿从小接受艺术教育，你如何给这些家长提供指导和建议？在幼儿园活动中，你又是如何发挥这些孩子的特长的？

（安徽省政府机关幼儿园　方　蕾　王　燕）

13. 音乐表现与表达

音乐是表情达意的艺术，幼儿恰恰具有感情外露的特点，所以，幼儿发自内心地喜爱音乐，常常会情不自禁地随音乐手舞足蹈。可见，音乐是幼儿自我表达的重要方式之一。如何引导幼儿在不同的音乐活动中自由抒发情感、交流思想呢？

一、歌唱活动中的音乐表达

歌唱活动中首先要让幼儿倾听、熟悉歌曲，从模仿到逐步学会演唱。教师是让幼儿从整体上认识歌曲，传递歌曲信息的第一使者。每首歌曲都有自己所要表达的内容和情感，因此，教师要按照歌曲的情感要求、风格特点范唱，引起幼儿的情感共鸣，让他们从听觉上保持对音乐的热情，从而激发幼儿的音乐情绪。例如，小班歌曲《摇啊摇》是一首摇篮曲，教师可以用亲切柔和的声音范唱，将歌曲的情绪传递给幼儿。歌曲最后一句"睡着了"每个字要唱够两拍，渐慢渐弱，以表现小娃娃已经睡着了。请幼儿说说怎样唱才能让宝宝快点睡着并尝试演唱。

幼儿的音乐表达还需要一定的情境支持，教师要善于创设有利于激发幼儿表达心声、交流思想的生活情境和音乐环境。

比如音乐活动"在农场"，在倾听、学习歌曲的基础上，可以请幼儿用身体动作来表现歌曲的节奏，如双脚轮流踏地、拍手；教师还可引导幼儿为乐曲创编歌词，想一想还有哪些动物会在农场里，它们的叫声是什么样的。幼儿会根据已有的知识经验进行创编，并随乐曲演唱。幼儿还会模仿相应的动物叫声，创编不同的身体动作，使自己的音乐表达更加完整丰富。

二、音乐伴随下的活动中的音乐表达

幼儿园还有许多音乐伴随下的活动，如韵律活动、音乐游戏、打击乐活动等，在这些活动中，幼儿可通过唱、跳等途径来进行音乐表达。

节奏是音乐的要素，也是人类的本能。在音乐活动中，可以让幼儿在倾听、感受音乐的基础上，用各种身体动作表达自己的音乐感受，教师要为幼儿提供表达、创造的机会。

律动是合着音乐节拍进行的一种动作活动。受音乐的影响，动作就有了模仿生活的内涵。幼儿在教师的启发下，将自己的音乐感受用富有韵律的动作表现出来。这一过程中，幼儿不仅表达出了音乐感受，更反映了对生活的观察、想象。例如，《我有小手》的歌词："我有小手我拍-拍-拍，我有小手我拍-拍拍，我有小手我拍拍-拍……"通过拍手这一幼儿经常重复的动作来感受节奏的变化，进行节奏模仿。可先进行节奏训练——幼儿边念歌词边用手打节奏，熟悉了歌词和节奏后再学唱歌曲。当幼儿能合拍演唱并拍准节奏时，引导幼儿创编其他身体动作进行音乐表达。

在幼儿进行音乐表达时，教师对幼儿的鼓励是至关重要的，幼儿十分重视教师和同伴对自己的评价。教师可以通过口头表扬，让大家一起演唱幼儿创编的歌曲、表演幼儿创编的动作等，让幼儿的表达得到肯定。当幼儿的表达出现障碍时，教师可以鼓励幼儿再想想，或用体态语言等给幼儿以提示，帮助其实现自我表达。

在打击乐教学中，幼儿随着音乐利用不同的打击乐器有节奏地敲打，表达出自己的音乐感受。打击乐活动能增强幼儿的节奏感、对声音的敏感度，让幼儿感受乐器的不同作用，发展幼儿的想象力、创造力和音乐表达能力。打击乐活动前，一定要让幼儿反复倾听乐曲，感受音乐的性质、力度、速度、节奏等，然后进行空手练习，最后随音乐打击乐器。在活动中教师要为幼儿提供选择、交换使用不同乐器演奏的机会，丰富幼儿的表达。在幼儿有了一定的经验后，教师可以引导幼儿参与活动，共同商讨打击乐的配器方案。活动中，教师要营造宽松、活泼、自由的氛围，以民主的态度、商量的口吻，指导孩子进行音乐活动。给孩子充分发挥的空间，为他们营造一个自由王国，使孩子的思维始终处于积极的活跃状态，激发其表达欲望。

三、欣赏活动中的音乐表达

说到音乐欣赏，人们往往认为它与音乐表达无关，而是培养幼儿音乐感受力的重要手段。其实，无论是歌唱、律动、音乐游戏还是打击乐活动，都缺少不了欣赏这一重要的环节。只有在充分欣赏音乐、感受音乐的基础上才能够进行音乐表达。不同性质、不同特点的音乐是通过不同的旋律、节奏、力度、速度、音色、结构等表现、表达出来的，这些手段又是综合运用、相互作用的。欣赏活动可以提高幼儿对音乐表现手段的感受力，为音乐表达奠定基础。

案例　巧用图谱帮助幼儿进行音乐表达

场景描述：

教学中为了更好地激发幼儿的学习兴趣，帮助幼儿理解歌曲——特别是歌曲衬词部分音域较宽，八度音程大跳较多，不容易唱准——选用图谱进行教学辅助。我们将歌曲涉及的人物及内容绘制在一张图上，但在活动过程中，我们发现，这样整幅的画面给孩子以良好的视觉享受，却不便于小朋友们识记歌词内容，重难点也很难突破，一遍遍通过语言来帮助孩子记忆也使得他们处于被动学习的状态。那么，如何使图谱具有有效性？

案例分析：

图谱过于复杂，不便于幼儿观察，无法让幼儿准确提炼出歌词、旋律、节奏。所以要简化图谱，把音乐材料简单化、形象化，增强直观效果，启发幼儿在理解图谱的基础上掌握各种旋律、节奏，调动幼儿的学习兴趣，加深其理解和记忆，从而提高活动质量。

解决措施：

先将故事的人物形象单一地呈现，教师再根据幼儿的观察，将歌词内容按顺序、有规律地呈现。这样，教师不必过多强调，孩子们就在潜移默化中理解了歌词，记住了歌曲内容的先后顺序。

《孤独的牧羊人》这首曲子最有特点的地方就是它的衬词部分，有趣又朗朗上口，如何用图谱形象地表现衬词是关键。幼儿在日常生活中很少接触音符，因此我们用"○"来代替音符。为了更细致地表现出音乐的节拍，我们设计了单色与双色"○"，单色为四分音符，双色为两个八分音符的合成。这样的表现方式，将抽象的节奏具体化，既增加了趣味性，又提高了学习效率，孩子们很自然地被吸引住，能够主动地探索歌曲的唱法。

实际效果：

图谱的改进，使幼儿更好地理解了音乐作品本身，同时也帮助幼儿用自己的方式表达出了对作品的理解与诠释。

(案例提供者：安徽省合肥市双岗幼儿园 李定娅 阎 艳)

附：

图谱

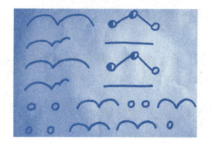

延伸与讨论

音乐是声音的艺术，但在幼儿音乐活动中，经常要伴随动作、语言，并采用图谱等形式帮助幼儿理解音乐。音乐与美术同属艺术领域，这两者必须整合在一起吗？音乐活动如何与其他领域的活动相互渗透？

(安徽省合肥市双岗幼儿园 阎 艳)

14. 美术感知与欣赏

孩子是天生的艺术家，美的事物能够深深吸引孩子。幼儿园美术活动首先要呵护孩子那双发现美的眼睛，提供生活中各种美的素材以及美的视觉艺术表现，让孩子真正感知、欣赏生活和艺术的美。

一、"向日葵是什么花？"

在欣赏《向日葵》时，画面一展示出来，那朵朵盛开的向日葵便引发了孩子们的阵阵赞叹！

幼：这幅画真漂亮！哇！有好多花呀！

师：你们知道这是什么花吗？

幼：不知道……

师：你们看到的是向日葵。

幼：向日葵是什么花？为什么要叫向日葵？……

是啊！向日葵是什么花呢？

凡·高的画作《向日葵》是教师常选用的欣赏素材之一，可是对于生活在城市里的孩子来说，他们缺乏对"向日葵"这种植物真实的感知。孩子们由最初对名画的惊叹转为对画中植物的思考，他们不知道向日葵的外形、色彩、特征及其象征，而这些疑问正是欣赏《向日葵》这幅作品的基础。缺乏生活经验的学习，对于幼儿来说是空洞乏味的，美术欣赏教学更是如此。因此，在欣赏《向日葵》这幅作品之前，我们要帮助幼儿认识、了解向日葵这种植物，帮助幼儿建构有关向日葵的知识经验。拥有了直观的经验之后，他们的欣赏活动会更加生动。

二、"火山爆发啦!"

在欣赏米罗的《人投鸟一石子》时,我问幼儿:"你们看到了什么?"活泼的幼儿说:"火山爆发啦!石头都被烧化了,红红的火冒了出来。"沉静的幼儿说:"在沙滩上有一个人,他一只眼睛睁着,一只眼睛闭着,歪歪地站着。"胆怯的幼儿关注到了画中这个人的身体是歪的。

从这个案例中,我们可以发现,每个幼儿对美术作品都有不同的理解。在欣赏活动中,教师不要急于讲解分析,这样极易给幼儿造成思维定式。幼儿对作品的感受很直白,好看就是好看,不好看就是不好看,没有很多的顾虑。因此,我总是提出这样的问题:"你看到了什么?你的心里是怎么想的?"引导幼儿认真观察、自由讨论,让他们透过画面去理解生活,回顾更多的生活经验。在欣赏活动中,我们应尊重孩子不同的兴趣爱好、不同的生活感受,不可强求有一律的感受。

三、"哇,好漂亮的树啊!"

一次,组织幼儿阅读绘本《我爱你,小猴子》时,色彩斑斓、造型各异的热带树木吸引了孩子们的注意力,他们不禁发出感叹:"哇,好漂亮的树啊!"我想何不就地取材,开展插画欣赏活动呢?我决定第一次活动让幼儿按照自己的意愿来设计各种树,第二次活动再从欣赏插画开始,让幼儿对自己设计的有各种神奇的树的画面进行充实。

在实际组织活动时,我发现让幼儿自由去设计,幼儿有点找不到方向。幼儿除了将从图画上了解的树木的基本形态画出来以外,没有更多、更好的表现手段,作品几乎没有什么亮点。

因此,在第一次活动后,我没有马上进行原定的第二次活动,而是稍做调整。我在活动前为幼儿准备好一组画家所作的形态多样的树的作品,直接投放于图书角,供幼儿比较、发掘,并且组织幼儿进行讨论,将树的形象赋予生命,让幼儿有充分的经验准备。

美术欣赏可以提高孩子的审美能力以及对美的事物的感知能力。在组织活动的过程中，我们体会到，积极有效的指导对推进美术欣赏活动有着不可替代的作用。下面就谈谈如何指导孩子进行美术欣赏。

首先，欣赏类型要多样化。

（1）色彩丰富、立体质感强的油画。例如，选用米罗的许多作品，让幼儿欣赏由普通的点、线和漂亮的颜色变换出的小动物与古怪精灵的人，欣赏反复无常的滑稽世界、多彩多姿的梦幻世界；欣赏凡·高在绘画中心灵世界的直接表达，如《星月夜》、《向日葵》；欣赏塞尚的《苹果和橘子》；欣赏莫奈被自然熏陶出的作品，如《干草垛》。

（2）富有生活情趣、简单生动的国画。如齐白石的《虾》、《梅花》、《果实》、《花卉》等，表现大自然的各种生命，以及人与自然的关系；徐悲鸿的《奔马》、《雄狮》、《晨鸡》等，给人以生机和力量，表现了令人振奋的精神。

（3）风格各异的民族手工艺作品。选择适合幼儿年龄特点，能表现各民族风情的绘画、手工制品，如剪纸画、中国结、印染布、刺绣等。例如，小班可开展"花布印染"活动；在中班我们选择了"石头彩绘"、"奇怪的脸谱"活动；在大班可以引导幼儿用细绒线绣数字，幼儿在这一活动中可以巩固穿针引线的技能，学习平针绣的方法。

各地优美的自然风光都可以作为欣赏的对象。另外，还可以欣赏幼儿自己的作品，这些作品尽管技能上幼稚或不完整，但它充满稚拙、单纯的情趣。

其次，欣赏形式要多样化。

可将具体的美术作品制作成电脑课件、彩色喷绘；还可以引导幼儿观察周围的人和事，欣赏身边的美。如班级内布置"名画角"，使幼儿置身于美的环境，感受艺术的熏陶。在园内的楼层展出适合幼儿年龄特点的画家代表作及幼儿临摹、创作的作品。在"植物角"放入各种植物供幼儿长期观察，在"动物角"放入鱼、虾、乌龟等多种动物供幼儿仔细观察。节假日请家长多带孩子出去游玩，可增强幼儿对大自然的喜爱之情和对美好事物的观察力，同时也可扩充幼儿的知识面，开阔其眼界。

最后，欣赏的过程中要给予启发、引导。

（1）让幼儿观察、发现。不要告诉幼儿这幅画画的是什么，表达的是什么，也就是说不要给幼儿主观印象。一幅画，一件作品，要让幼儿从熟悉中发现陌生，从平凡中发现特别。你会发现孩子的内心世界丰富多彩，他们对作品的解读一点也不亚于成人，甚至某些理解还会给你意外的惊喜。

（2）教师要重视引导、讲解。在美术欣赏中，一开始幼儿不懂欣赏，需要老师循循善诱，这时引导就相当重要，可多用"你看到什么"、"你有什么感觉"、"你觉得线条怎样"、"颜色怎样"等语句，对一些特别的画，如涉及作者背景的或有特别意义的，还需要进行耐心、细致的讲解。在指导欣赏时要注意趣味性。兴趣是最好的老师，只有设计的活动有趣，孩子才会大胆参与、开心参与，才会大胆表述自己对作品的理解，才会产生一种想创造美的倾向和对艺术活动的热情。

（3）将欣赏内容融于主题活动中。将美术欣赏活动融于幼儿园主题活动之中，可使幼儿的感受更强烈、更真实。美术欣赏活动丰富了主题内容和幼儿的感性体验，幼儿在与美术作品的接触、对话中，不知不觉地吸收了艺术大师的构图、线条、作画方式，在潜移默化中滋养了心灵世界，丰富了艺术感觉，提高了审美能力，加深了对周围事物的审美感受。

延伸与讨论

1. 幼儿是天生的艺术家吗？幼儿是否有自己独特的审美观？幼儿在教师的指导下才能提高审美能力吗？请结合工作经验谈谈自己的理解。

2. 幼儿有能力欣赏经典名画吗？还是应该更多地让幼儿欣赏生活中熟悉的事物和作品？请举例谈谈自己的看法。

（安徽省合肥市大西门幼儿园　尤　琦）

15. 美术表现与表达

幼儿从会拿笔开始，就喜欢涂鸦。他们把画画当成和语言、动作一样能表达情感、宣泄情绪的方式，但教师都碰到过说"我不会画（我画不好）"的幼儿。怎样让幼儿大胆自由地画出自己的想法，创造性地表达自己的理解、想象和情感呢？

一、让孩子对画画满怀期待

第一，轻松画画。孩子画画和他们做其他事一样，在良好的情绪状态下容易产生兴趣，也会更加积极主动。如果一个孩子每次画画都想：我画得好不好？画不好老师会不会批评我？小朋友会不会笑话我？有这样的心理负担是很难产生表现欲望的。所以，教师要用信任的目光、热情的语言、愉悦的情绪感染孩子，不要过多限制或控制他们，让孩子在宽松的氛围下投入绘画活动，大胆描绘自己的所思所想，表达自己的喜怒哀乐。

第二，画画很好玩。新颖、有趣的绘画活动可以激发孩子想象、表现的欲望。如在"色块变变变"活动中，先让孩子们任选自己喜欢的水粉颜料自由地泼洒、涂画成块状、条状或其他几何形状，教师再引导孩子想象这些形状像什么，可以变成什么，通过添画创作出独特的作品。还可通过接龙画、合作大幅画、续编故事画等形式激发孩子对绘画活动的热情，或引导孩子体验不同的绘画工具、材料、表现手法，让孩子感受到画画是一件好玩的事情。

第三，画熟悉、喜爱的内容。教师要在绘画内容的选择方面下工夫。如小班可以画"各种各样的饼干"、"妈妈的长发"、"晒太阳"等，中班可以画"奇妙的手"、"美丽的门帘"、"焰火满天"等，大班可以画"巨人"、"恐龙乐园"、"月亮的味道"等。这些孩子熟悉的、喜爱的、觉得好玩的内容和题材会触动他们内在的表现力。另外，班级的环境创设、节日装饰布置、班级日志以及植物生长记录等都可作为孩子绘画的内容。贴近孩子生活、有想象空间的题材能激起孩子的表达愿望，让孩子对绘画活动充满期待。

二、让孩子想得到，画得出

第一，感官调动。孩子能顺利地将看到、想到的东西画出来是比较关键的问题。首先，教师要引导孩子学习从整体到局部，再从局部到整体进行观察，帮助孩子形成完整的感受和印象。有时除了用眼睛看，还可调动其他感官来充分感知。如小班在学习一些基本图形时，可先让孩子徒手沿实物轮廓描画，以体会形状差异，在感知图形的特征后再画出来。大班在学习人物动态时，教师可制作活动的教具，边操作边讨论，引导孩子把握人物的动态特征。经常带孩子走出课堂，观察生活中的各种事物，丰富孩子的感性认识和经验，拓展他们的想象和创作空间。

第二，问题启发。有时候一些孩子虽有相关的生活经验，但不能顺利地将其反映出来。这时教师可运用谈话或讨论的方式激发孩子的想象力。在问与答的过程中帮助孩子在想象与表达间搭建一座桥梁，引导孩子顺利表现出自己想象的内容和想要抒发的情感。还可以通过创设相应的绘画情境，提供范例、图片等，帮助他们回忆、提炼相关经验，丰富画面的内容。

三、让孩子在创作中享受自由与快乐

第一，慎用范例。范例使用有利有弊，使用不当或长期使用就会降低孩子的观察力，磨灭孩子的创造力。所以孩子绘画时，教师要多鼓励他们运用已有的绘画知识、技能，用自己的绘画语言来表现画面、表达情感。如必须使用范例，提供的范例首先要具有审美价值，能打动孩子，激发孩子的绘画兴趣。其次，使用范例时，要尽量少用概括性较强的简笔画，以免幼儿形成思维定式。再次，范例要适时出现，根据需要于特定的环节呈现，如为丰富幼儿经验时于活动前出现，为引起幼儿兴趣时于导入环节出现，为解决难点问题时于讲解环节出现，等等。慎用范例，让范例发挥其积极作用。

第二，自主创作。教师每天可安排自由画时间，或创设美工区，让孩子根据自己的兴趣自由选择绘画内容。在绘画过程中要尽可能多让孩子自由表达，不要总是用自己的想法代替孩子的想法，要敢于放手，让孩子在这些自主活动中享受涂涂画画的自由与快乐。

四、让孩子有"说画"的机会

每个孩子都有自己独特的象征符号和造型语言。评价孩子的作品前，教师要静心倾听，了解孩子的所思所想，不能仅凭画面妄下断语。教师要给孩子"说画"的机会，让孩子介绍自己的作品，大胆说出作品所表现内容和创作意图，及时给予鼓励和肯定。教师还可从画面内容、色彩、线条、布局等方面引导孩子进行自我评价或相互评价，观察自己或同伴作品的独特之处，大胆说出自己的发现。孩子阐述的不仅仅是一幅画，教师可以从中了解孩子眼中的世界、孩子的情绪情感，从而站在孩子的视点更好地理解其稚嫩的思想。

案例 画面背后的故事

小班下学期的"画楼房"活动，先是教师讲范例，孩子们了解了长方形的画法后，都埋头认真地画着。没一会儿，妞妞跑到老师面前告起状来："老师，浩浩把楼房画得乱七八糟的。"老师悄悄地走到浩浩身边。果然，画纸上基本看不见楼房的轮廓，浩浩用黑色油画棒将楼房涂得脏兮兮的。老师正准备问浩浩为什么这样画时，只见浩浩拿起一根红色油画棒在凌乱的黑色线条上又加上一片红色。老师很疑惑，打消了询问他的念头，静静地看着。随着红色面积的扩大，浩浩口中还发出了"滴嘟，滴嘟"的声音，接着又在红色上点画了许多黑点，最后叹了口气停了下来。由于老师一直站在浩浩身后，早已引来了小朋友的好奇，他们都忍不住围观过来。浩浩这时才发现老师站在后面，不好意思地笑笑说："火没了。"老师也猜出了大概，就对浩浩说："把你的画说给小朋友们听听，好吗？"原来浩浩所表现的是前几日见到的大楼失火的场景，先冒出了浓烟，然后出现红色火焰，火愈烧愈大，最后消防车赶来洒水灭火。他用点、线、面和强烈对比的黑、红色表现了大楼失火、灭火的全过程。画好后，他长舒了一口气，火扑灭了，一直沉浸在紧张情绪中的浩浩终于放松下来了。

分析：

画面虽不美观，但其中蕴涵着孩子的所见所思所想，他用画画表达了自己的想法和感情。老师在一旁静静地观察他作画，没有批评他，也没有打断他，更没有评价，而是在揣摩、了解了孩子的画后，鼓励他和小伙伴们一起分享画面背后的故事，让他说出自己的心里话。这幅画的价值远远超过和范例相似、画面干净的楼房作品。

延伸与讨论

1. 绘画活动到底需不需要范画？范画应如何使用？结合自己的工作说明你是如何处理范画与自由画之间的关系的。

2. 在绘画活动的结束环节如何点评和欣赏？有必要让孩子说自己的画吗？你是怎么做的？

（安徽省合肥市大西门幼儿园　常卫跃）

延伸与讨论指南

- **身体保健活动**

在生活条件大为改善的今天，健康问题同样不可忽视。突出的问题有营养不均衡、体育锻炼不足、自我服务能力不足等。

幼儿园要致力于培养孩子良好的生活习惯。当然，对家长进行必要的指导，家园合作共育也是至关重要的。

- **体育锻炼活动**

早操的创编是为了使动作符合孩子的年龄特点，使早操更具有童趣，让孩子通过早操得到锻炼。因此，早操的创编要服从这样的目的，在动作编排、器械选择、内容设计上要为锻炼身体服务，而不是仅仅流于形式。

开展户外体育活动的根本目的也在于锻炼，除了自由的户外活动，要对户外活动做总体的设计，有目的、有步骤地发展孩子的动作，锻炼其身体，增强其体质。因此，要注重每次活动目标的达成，当然，要以孩子喜爱的方式开展，要特别注意安全问题。

- **常见行为问题的矫正**

幼儿行为问题的矫正要遵循以下几个原则：及早发现，深究原因，爱心干预，循序渐进，家园合作，融入集体。

- **倾听和讲述活动**

幼儿园阶段是口语发展的关键期。但同年龄班的孩子也存在年龄的差异，个体成长环境也有差异，因此，幼儿口语发展水平存在差异也很正常。

在母语的环境中，孩子口语表达的机会很多，并不只存在于教学活动中。当然，在教学活动中有针对性地培养和激励会取得更好的效果，这需要教师根据每个孩子的具体情况来施教。但更重要的是，在一日生活的各个环节培养孩子的倾听和表达能力，对家长进行必要的指导，因为家庭也是孩子口语发展的重要环境。

- 阅读与欣赏活动

不同年龄班孩子的阅读水平和对文学作品的欣赏水平存在显著差异，应在选材上及教学中区别对待。但总体而言，幼儿的阅读以读图为主，欣赏以童趣化、朗朗上口的童话和儿歌为主。

就符号阅读而言，在画面、情节、文字呈现上要循序渐进；就作品欣赏而言，在篇幅、词汇、情节、韵律等方面也要区别对待。

- 亲社会行为的培养

亲社会行为体现了幼儿以积极乐观的态度融入社会、适应社会的能力，突出表现在幼儿的人际交往特别是同伴交往活动中。幼儿乐于交往，在同伴交往中表现出来的友好合作行为均属于亲社会行为。亲社会行为的培养，关键在于鼓励孩子积极交往。

- 任务及规则意识的培养

幼儿的社会性主要表现在适应群体生活、遵守社会规范以及有初步的归属感。很显然，社会性的发展是孩子逐步介入社会的要求和结果。对孩子而言，其社会性发展的重要场所是班集体、家庭和与之生活密切相关的社区等。所以，发展幼儿社会性的关键是让孩子积极地融入幼儿园生活，多接触周围的小社会以及享有幸福的家庭生活。

- 科学探究活动

科学探究的重要基础是问题，孩子是充满好奇的，因此要引导孩子发现问题、探究问题、解决问题。问题可以来源于日常生活中的事件，也可以来源于创设的情境，还可以引导幼儿自己发现问题。教师要为幼儿的探究活动提供物质和心理上的支持，在必要的时候给予帮助。

动手操作并不一定就是探究活动，因为探究必然有着问题和目标意识，但幼儿的探究活动一般都是通过动手操作实现的，而不是冥思苦想。

- 科学区活动

自然角并不仅仅为了展示，应该以实物为主，密切联系孩子的生活，特别要考虑孩子与自然角的互动。室内区域毕竟有限，可以将自然角扩展到室外、园外，让孩子接触真正的大自然。

科学结论与原理往往超越了孩子的思维和理解水平，这不属于孩子的科学，孩子的科学重在探究过程。对孩子的探究和结论应当充分认可和鼓励，可创设适当的情境，让孩子形成认知冲突，但不硬性灌输科学结论和原理。

- **生活中学数学**

生活中处处有数学，但生活中学数学要适合孩子的水平，比如排队活动中的基数与序数，不同结构材料中的量的比较，这些都是孩子熟悉且适合孩子接受水平的，可将其作为孩子学数学的好时机。

还要注意生活与数学结合的方式，一种是从生活中发现数学，还有一种是在教学中创设生活情景，两者均可，但前者更真实。

- **操作中学数学**

数学是抽象的，借助于实物和操作进行学习，才符合孩子的认知水平。数学中投入材料要有明确的目的，因此首先必须考虑材料与数学的关联，它体现了何种抽象的数学概念。

要让孩子明确材料的操作任务。数学有着明确的结论，但要观察、支持孩子操作材料的过程，因为这会反映孩子的思维发展水平。

- **音乐感知与欣赏**

深受幼儿喜爱的流行音乐、网络歌曲完全可以成为幼儿音乐素材，只要内容和形式适合幼儿的年龄特点，完全没有必要排斥。由于这些音乐具有数量众多、流行较快的特点，最好由专业人士或经验丰富的教师来把关。

艺术熏陶与艺术训练确实存在着一定的矛盾，审美能力的提升不可能没有技艺的基础。要引导家长优先考虑幼儿的兴趣及审美的乐趣，要充分赏识幼儿的艺术特长。

- **音乐表现与表达**

音乐是一种专门的艺术表现形式，其核心是声音的表现艺术。为了便于孩子理解音乐，教师还会借助其他辅助的方式，这些都是必要的。尤其要注意的是，不能舍本逐末，音乐的欣赏与表现最终是通过声音来实现的，而不是其他。

幼儿园音乐活动也不是孤立的，而是和其他各种活动交织在一起的。

音乐活动和美术活动同属艺术活动，在艺术美感、陶冶情操上有共同的特征；音乐活动也必然会与其他领域活动交融。音乐来源于生活，生活中也处处有音乐。

- **美术感知与欣赏**

一方面，孩子有自己独特的审美观，他们的审美旨趣可能与成人迥然不同，成人不可自作主张，强加意见于孩子；另一方面，孩子的生活经验和审美体验毕竟有限，需要教师通过各种方式加以引导。

孩子的审美体验大多基于生活经验，因此丰富的生活是孩子审美体验的主要来源。经典名画也是对生活的艺术化表现，并非与孩子的审美格格不入，甚至孩子会有独到的发现。

- **美术表现与表达**

绘画技能和自由创造并不是对立的，而是相辅相成的。在适当的时机提供范画有必要，但重在引导和提示，而不是限制孩子的表现。

在绘画活动的结束环节，要让孩子充分交流，给孩子更多的激励。教师要认真分享孩子的作品，让孩子说说自己作品表达的含义和情感是很必要的。

第三辑 课程实施与指导

小孩子能够学的与应当学的东西，本来是很多的，但是我们不能就这样漫无限制地、毫无系统地去教他。必定要有一种组织，在相当范围内，使其成为一个系统，并使各科目中间互相连接起来发生关系。

——陈鹤琴

合理地综合组织各方面的教育内容，并渗透于幼儿一日生活的各项活动中，充分发挥各种教育手段的交互作用。

——《幼儿园工作规程》

幼儿园的教育活动，是教师以多种形式有目的、有计划地引导幼儿生动、活泼、主动活动的教育过程。

——《幼儿园教育指导纲要（试行）》

1. 教学活动的设计

　　教学设计是根据教学对象和教学目标，确定合适的教学起点与终点，将教学诸要素有序、优化地安排，形成教学方案的过程。从"为什么学"入手，然后确定"学什么"，最后确定"如何学"。包含着教学内容、教学目标、教学重点、教学难点、教学方法、教学工具、各环节时间分配、教学过程（包括教师活动、幼儿活动、各环节设计意图、课后评价与反思）等内容。教学活动设计是教学效果达成的必要前提，是幼儿园教师的入门功夫，更是优秀教师的必备基本功。

一、教材分析

　　广义的教材是指集体教育活动中教师和幼儿使用的所有教学材料，如绘本、录像、卡片、实物等，是那些有利于幼儿增长知识或发展技能的材料总和。教师在研读教材时，要注意两点：

　　一是站在幼儿的角度悟其意，品其神。首先，要思考孩子会怎样理解它，除了这样理解还可以怎样理解；其次，要思考自身和幼儿已有的知识储备有哪些，什么是孩子值得并需要积累的经验。另外，还要思考幼儿会有哪些困难和障碍，怎样突破等。

　　二是积聚自己的经验研其意，嚼其味。首先，要把握方向，认同并紧扣教材本身所阐述和蕴涵的知识、情感、态度与价值观。其次，要挖掘文本的深层价值，根据孩子的认知特点和已有水平，对教材进行还原、解读和分解，拓展教材。另外，要把握住教学的重点、难点和关键点等。

二、学情分析

学情分析是教学内容分析（包括教材分析）的依据，也是教学策略选择和教学活动设计的落脚点。教师应该了解幼儿已有知识经验和心理认知特点，确定最近发展区，从而确定切实可行的教学目标以及方法策略。

三、教学目标

制定教学目标时要把握三点：一是要基于教材；二是要基于幼儿的经验；三是要注重兴趣培养和情感体验，淡化知识灌输和技巧训练。

四、教学环节

教学过程设计要注重在游戏中激发兴趣，在情境中突破难点，在成功中体会快乐。

1. 开始部分

教学导入是教师根据教学目标、教材特点，有意识、有目的地运用各种教学媒体，通过不同的方式引入新课的一种教学行为，是教学的起始环节。导入的方法有直观导入、实验导入、谈话导入、故事导入、情境导入、悬念导入、角色导入、描述导入等，导入环节不可冗长拖沓。

2. 基本部分

基本部分是活动的主要部分，教师要精心安排好流程结构，使教学过程有起有伏，形成节奏，各环节的设置要注意衔接和转换，做到环环相扣。

（1）创意新颖，能反映个人风格。教师在设计教学方案时除了遵循一定的教学原则外，还要创造性地、个性化地开展教学活动，形成独特的教学风格和个性魅力。

（2）结构合理，能注重整体优化。一堂课的教学效果如何，往往取决于课堂结构是否合理。合理的课堂结构应该是把教育观念、教育方法与教师、幼儿及环境组成一个优化的综合体，各个要素相互协调，相得益彰。

（3）手段先进，能使用辅助工具。合理使用各类教学辅助工具，如教学挂图、模型、幻灯、录像等，有效发挥各类工具在教学中的作用。

（4）情境多样，能围绕教学目标。要围绕教学目标，创设出引人入胜并能开启幼儿思维的情境，如问题情境、活动情境、探究情境、表演等。要激发幼儿的学习兴趣和动机，使他们在教师的指导下，在历经种种情境后，取得理想的学习效果。

（5）提问有效，能贴近幼儿实际。课堂提问是传授知识的必要手段，也是训练思维的有效途径。教师设计的提问要贴近幼儿的最近发展区，真正实现"跳一跳，摘桃子"的教学境界。

3. 结束部分

俗话说："编筐编篓，全在收口。""压轴"，对于整体优化的作用不可低估。教师可根据具体情况经常变换结束方式，有效地保持和延伸幼儿对活动的兴趣。常见的课堂教学小结有概括式、评论式、抒情式、承上启下式、展示式等。

总之，教学设计应该成为教师生命灵性的创造。教学设计时要注重和作品对话、和幼儿对话，要重视激发幼儿的学习兴趣，让幼儿的主体作用在兴趣中强化，学习效果在兴趣中显现，学习品质在兴趣中形成，为实现有效、优效、高效的教学做好积极的准备。

案例 中班歌唱活动"办家家"

一、教材分析

《办家家》是一首可以边唱边玩、边唱边演的幼儿歌曲，展现的是一个融对话、交流、互动、表演为一体的游戏场景，重点是让幼儿充分体验和享受演唱《办家家》的成功和快乐。本次活动的难点预计有两个：一是歌曲第二、第六小节的两个连音处，二是"唱"和"说"的接口处。实际教学中往往会出现难点转移，教师需及时捕捉信息进行调整。

二、教学目标

1. 学会演唱，体验歌曲活泼欢快、富有情趣的风格；

2. 乐于编创说唱部分中的词并有节奏地练习；

3. 愉快地结伴表演，学习用体态、表情等进行交流。

（目标制定一方面关注了孩子参与的积极性和情趣性，另一方面抓住了孩子的认知特点，通过设定编创说唱部分中的词以及最后的结伴游戏，避免了枯燥乏味，丰富了歌曲内涵，延伸了活动内容）

三、教学过程

（一）通过谈话引出课题

教师："你玩过娃娃家的游戏吗？谁当爸爸？""做了什么好吃的？"根据幼儿的回答及时调整问话。（通过问话唤起幼儿的回忆，幼儿所储存的知识、经验得到唤醒、提取和迁移，为学习活动提供了情绪和经验的保障）

（二）基本环节

1. 倾听感知。

教师先有表情地示范演唱，然后和幼儿一起倾听歌曲磁带，感受歌曲的美好情绪，最后教师和幼儿共同随音乐的节奏熟悉歌词。（教师主要是想通过自己的声音、表情和动作，让幼儿进入快乐的游戏情境中，展开想象，感受在游戏中唱歌、表演的乐趣）

2. 学习演唱。

采取小步跟进的"四步走"策略。

第一步，鼓励幼儿小声跟唱，关注幼儿的兴趣点，适当调整教学策略。

第二步，带领幼儿练习说唱，把握幼儿的情绪，防止情绪过高而影响说唱的接口和后半部的演唱。

第三步，引导幼儿整体跟唱，看幼儿是否有学习困难，如"连音"的演唱。另外，跟唱练习时每一遍要有不同要求。

第四步，提取难点单独练习。注意教师预设的难点与幼儿实际学习的难点是否契合，以幼儿的实际需要为准，切实解决幼儿实际学习中遇到的困难。采取放慢示范速度、夸大演唱口型、加强手势暗示等方式，帮助幼儿用连贯、饱满的声音演唱。

（"四步走"的策略符合幼儿的认知规律，由易到难，循序渐进，小步推进，幼儿会学得轻松、学得快乐）

3. 创造演绎。

根据歌曲所具有的说唱风格以及幼儿在生活、饮食等方面的不同习惯和经验，采取换说唱词的策略，调动幼儿的创造灵感和内在需求。

（三）结束部分

交换表演伙伴，让幼儿体验不同的游戏情境，感受不同的表演情绪。（把结束部分与延伸活动连接起来，对保持和延伸幼儿学习的兴趣是一种有益的尝试）

延伸与讨论

　　请总结你在进行教学活动设计时通常从哪些方面入手，举例说明并与同伴分享交流。你认为教学活动设计与活动效果之间有何关联？

（安徽省合肥市庐阳区教体局教研室　方明惠）

2. 教学活动的实施与反思

幼儿园的教学活动是一种集体学习活动，通常在上午时段进行，形式多样。小、中、大班的教学时间有所不同，分别为约 20 分钟、25 分钟、30 分钟。在组织和实施教学活动时我认为应该注意以下几点。

一、开门见山，引入主题

幼儿的学习多以无意学习为主，其有意学习的时间很短，如何在教学活动的开始部分迅速引起幼儿的有意注意，是教学活动成功的基础。教学活动的引入形式多样，如中、大班可采用猜谜语、唱儿歌、讲故事、介绍活动过程中的角色、玩游戏、做小实验、看视频等方式引入，在两三分钟内，稍加铺垫就迅速进入下一个教学环节。教学时间的合理安排和把握在开始部分尤其重要，过于拖沓将影响教学进程。

二、围绕目标，突出重点

在一次教学活动中，要想让幼儿捕捉到教学重点，直观的教具、可操作的材料是必不可少的。教师可通过游戏、练习、操作、欣赏、表演等方法，吸引幼儿的注意力，引导幼儿参与活动，与老师互动，直至明白、理解、掌握重点。幼儿的注意力易转移，教学环节应紧紧围绕教学目标，层层递进，避免简单重复，可用游戏的口吻让幼儿在不同情境中多次练习。

例如，中班数学活动"7 以内数的守恒"，重点是正确感知 7 以内的数量，难点是感知数量时不能受物体排列形式、大小、种类的影响。我设计了小熊请客的游戏。让幼儿初步感知数量7：小熊一家和邀请的朋友——小鹿、小猴、小狗、小鸡。再次感知数量7：熊妈妈准备了7份果汁，盘子里的果汁是否有7份？幼儿点数并将果汁与小动物一一对应，验证了果汁和家里动物的数量都是7。教具的摆放体现了教学要求的逐步提高，伴随着游戏的进展开始了难点的突破。进一步感知数量7，体会数量不会因排列形式的不同而发生变化。调皮的"小猴"左挤挤，右挤挤，坐一排的动物们变成了两部分。此时老师提出了问题："动物的数量有没有变化？"幼儿不假思索地回答说动物变多了，但经过点数验证，得出结论：动物数量没有变化。在拆礼物分"糖果"环节，幼儿再一次体验了放在袋子里的7颗糖，当分放在餐桌上时，糖果的数量没有因摆放位置的不同而发生变化。虽是反复感知数量7，因情节不同，游戏情境不同，反复点数变得有趣了，幼儿在练习中轻松掌握了重难点。

三、精心提问，积极应对

教学活动中，一定会有师幼互动，提问是师幼联系的纽带。幼儿对教学内容的掌握情况，通过教师提问可以反映出来。教师的提问可以预设，但是幼儿的回答是无法预设的，基于这一点教师必须有随机应变的能力。如果预设的问题难了，幼儿回答不出来，必须降低难度重新提问，可以把问题变成简单的选择题。比如，提问"4的邻居是谁"，幼儿回答不出来，可以把问题变成"3和5是不是4的邻居"，当幼儿能将答案说出时，教师应当抓住时机进行追问，师幼间的一问一答是了解幼儿发展水平的绝好方式。

幼儿也经常会提出让人意想不到的问题，甚至与主题无关，教师要适宜地解决，不能忽略、回避。一次小班美工活动，要求用红黄蓝为作业填色，一名幼儿操作慢，其他幼儿都已经填好了颜色，他还有一大半作业没有完成。老师询问原因，他说没有自己喜欢的紫色，但是当天的教学目标是使用红黄蓝三色。老师没有回避幼儿的问题，说："今天先完成这些作业，下次老师准备一些你喜欢的紫色，好吗？"幼儿听后，高高兴兴地完成了填色。

四、完整收尾，及时反思

结束部分是对本次教学活动的总结、回顾，是幼儿放松身体平复情绪的环节。可让幼儿说一说自己的感受，看看、评评同伴的作品，或留一个问题，让意犹未尽的孩子在对下一次活动的期盼中结束此次教学活动，或在小游戏中结束教学活动。并不是每次都要评价，但如果有操作活动，有作品，一般要评价、分享。评价要简单、明确，语言不啰唆。

教学活动结束后要进行反思。反思就是对自己的教学活动进行反省、剖析，找出问题，提升自己的教学水平。教学活动的设计以教师的教为主线，反思侧重于幼儿的表现。反思应该从教材分析开始，然后是目标的制定、教学过程的进展、层次的递进、师幼互动、提问的策略等，要及时加以总结。

案例　中班科学活动"巧克力变变变"

一、活动目标

1. 观察、感知实验过程，尝试交流自己的发现；

2. 初步理解冷热对人们生活的影响；

3. 体验科学探索活动的乐趣。

二、活动准备

电磁炉一台，锅一个，搅拌棒一根，盘子人手一个，冰袋若干，巧克力若干。

三、活动过程

（一）探索活动：热使物体变软

1. 幼儿取一块巧克力，掰开，用牙齿尝试着咬一点儿。

2. 讨论。

师：掰一掰，咬一咬，你感觉巧克力怎么样？（硬）

师：我有办法使它变软，你们猜猜看是什么方法？（加热）

3. 加热巧克力。

（1）介绍用具：灶、锅、搅拌棒。

（2）幼儿依次将手中的巧克力投入锅中，观察巧克力在加热过程中的变化。

（3）将巧克力液倒出，分发到幼儿手中的盘子里，让幼儿用手指头感知它的温度、形状。

（4）师生一起小结：热使物体变软了。（把巧克力放入魔法箱——放有冰袋的纸箱中）

4. 生活中"热"带来的便利。

大米经过热加工能变成香喷喷的米饭，硬馒头、硬面包经过加热又可以变得软软的；皱巴巴的衣服，加热后可以变得平平整整的。

（二）探索活动：冷使物体变硬

1. 来看看我们的巧克力有什么变化吧！（取出巧克力）想不想知道魔法箱里有什么？

2. 幼儿交流自己观察到的结果。

3. 师生小结"冷"带来的便利。

各种口味的水冷冻成硬硬的冰棒；超市里的速冻水饺，是工人包好后冷冻而成的，方便了人们的生活。

（三）讨论

1. 热会给我们带来危险吗？（热会烫伤人）如何避免危险的发生呢？（不到厨房摸烫的东西；吃饭前要试一试烫不烫，吹一吹再吃）

2. 冷会给我们带来危险吗？（冷的东西吃多了会肚子疼，太冷可能会导致感冒）

四、活动反思

在开始部分，我出示了巧克力。"哇，好吃的东西！"一下就吸引了幼儿的注意力。在预操作时我发现，用隔水蒸的方法，巧克力的融化过程最直观，大家能看到它滴滴答答地融化。教学过程中，巧克力的融化操作得很好，幼儿的注意力高度集中，巧克力的香味弥漫在教室里。但没有想到的是，当天的温度是十五度左右，巧克力凝固缓慢。教学活动必须进行下去，巧克力虽然不是流动的液态但还是很软，我匆匆忙忙地总结：冷使物体变硬。接着，我和幼儿一起感知了热和冷给我们的生活带来的便利。活动结束后，我反思自己的预操作做得不够，当时如果准备了冰水，把巧克力放进去冷却，就可以立刻见到效果。

延伸与讨论

　　教学活动的实施到底应该以教师的高控制为主，还是要给孩子充分的自主权？每次教学活动都需要反思吗？有那么多的时间来反思吗？请结合自己的工作实际与同伴分享交流。

（安徽省政府机关幼儿园　耿　琦）

3. 主题活动的开展

主题活动是指幼儿园围绕某个中心内容，引导幼儿主动、积极参与的具有一定时间跨度的系列学习活动。它打破学科、领域的界限，以幼儿的生活为基础，是引导幼儿自主探究学习的综合性活动。

一、主题从哪里来

主题活动以确定主题为起点，主题应符合幼儿的年龄特点和身心发展规律，并具有一定的教育价值。如针对小班刚入园的幼儿，就可以开展主题活动"高高兴兴上幼儿园"；针对大班幼儿开展幼小衔接活动"做个小学生"等。这样的主题鲜明而突出，具有较强的针对性，也是幼儿感兴趣的话题，主题活动开展起来就会有事半功倍的效果。

实录一： 一次幼儿园组织春游活动"参观徽园"（徽园浓缩了安徽省的自然、人文景观，全省十几个地级市都在园内建有自己的馆园，并将最具本地代表性的历史、文化、风情和标志性建筑以园林形式展现给游人）。大四班的幼儿边参观边聊天，张歌说："我去过黄山，那里有迎客松呢！"杨宏涛说："我还去过安庆呢！"……孩子们讨论得非常热烈。让幼儿产生爱家乡的情感很重要，因此，教师在班级中开展了以家乡为主题的系列活动。

分析： 教师要关注幼儿的日常生活。幼儿讨论的话题、感兴趣的人和事都蕴涵着教育的内容，教师应该关注幼儿日常生活中的点滴，抓住教育契机，了解他们的内在需求。教师要从幼儿的生活琐事中挖掘教育因素，主题选择由教材转向幼儿生活。

当然，主题的选择并不是最终的目标，教师要引导幼儿自主探究，让幼儿在主题的引领下主动学习。

二、主题目标怎么制定

主题目标的制定应结合幼儿发展的目标以及课程的总目标，要包含认知、情感态度、动作技能三大教育目标领域。教师应充分了解幼儿的身心发展规律和现实状况，目标要明确，可行性要强。一个主题活动往往要在较长的时间内完成，所以要特别注意目标的全面性。主题活动的目标分为总目标和具体目标。总目标统领整个主题活动中幼儿探索和发展的方向。

实录二：大四班开展"我的家乡"主题活动，其总目标是：（1）尝试采用多种方式收集有关家乡的信息，采用不同的方式让幼儿了解自己的家乡，感受家乡的美好。（2）能用语言、绘画等形式表现对家乡的热爱。（3）了解家乡的名人故事，培养以家乡为骄傲的情感。（4）了解黄梅戏的曲风，会随音乐有表情地演唱黄梅戏。（5）通过讲述祖国的高山、长城等，萌发对祖国的热爱。

分析：这次主题活动的总目标涵盖各个领域的内容，结合幼儿的年龄和发展特点，可使幼儿从各个角度了解家乡的特点，感知家乡的美好。

三、主题网络怎样设计

主题网络是主题课程的结构，体现着主题活动的综合特性。主题网络设计是指围绕主题运用多种方法、途径，整合各领域活动，它是主题与各个具体内容的关联图。教师在选择好主题后，根据幼儿的发展需要，从幼儿实际出发设计活动，将与之相关的各个领域内容融会贯通，形成主题网络。

实录三："我的家乡"主题活动，时间安排为两周，通过了解家乡的特色和特产、参观家乡的著名景观、构想家乡的未来等活动，丰富幼儿对家乡的认识，加深幼儿对家乡的了解，激发幼儿爱家乡的情感。

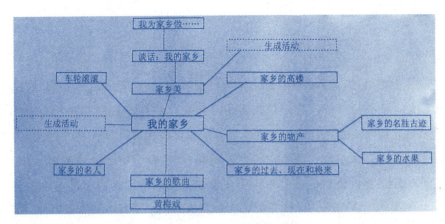

"我的家乡"主题活动网络图

分析：教师预设了"家乡美"、"家乡的物产"等活动，又给幼儿提供了探究空间，由幼儿的兴趣点生成其他活动，围绕主题从多侧面、多角度，挖掘关于家乡的各项内容。

在设计主题网络后，教师还应给幼儿创设相关的环境，有意识地将主题活动与区域活动结合起来，从"教学"到"区角"，投放多元材料，促使幼儿自主学习，给幼儿思考和探索的空间。

主题墙是主题活动展示的舞台，记录着主题活动的发生、发展历程，展示着幼儿学习的轨迹，可实现环境创设和教学主题的结合。

实录四："我的家乡"主题环境的创设。

主题墙：利用家长资源，收集并展示安徽的名胜古迹、名人、特产的图片，有关安徽过去和现在的图片，幼儿去过的安徽景点照片。

表演区：表演黄梅戏《对花》，投放各类黄梅戏的音乐素材等。

美工区：投放各类相关材料。

建筑游戏：高楼大厦。

角色游戏：安徽展览园。

语言区：投放各类图片（家乡的名人、特产等），互相说说自己知道的家乡的情况。

分析：在这次活动中，教师充分利用游戏区角，进行适合主题的环境布置，促进了主题内容的拓展。

四、主题活动如何实施

主题活动的实施过程中，往往会出现一些问题，如预设与实际有偏差，幼儿对所选择的主题不感兴趣等。教师应注意观察幼儿在活动中的表现，根据幼儿的实际情况进行指导，调整课程内容。如在"我的家乡"主题活动中，教师预设活动"我去过的地方"，在这一活动中教师发现，幼儿关注的不仅是自己的家乡，还有很多家乡以外的地方，教师及时将活动主题扩展成祖国，让幼儿由对家乡的热爱延伸到对祖国的热爱。

在主题活动的开展过程中，教师要抓住重要环节进行观察记录，对幼儿在活动中的表现、主动探究的程度进行观察，并对主题活动的设计、教师的行为以及由此产生的结果进行审视和分析。教师可采用日记、表格等多种形式，或利用现代媒介进行记录。以下是主题活动中教师的一次记录。

观察主题	幼儿唱黄梅戏的兴趣
观察日期	3 月 19 日
幼儿活动情况	早晨在班级里放昨天学的黄梅戏。王晨曦一来到幼儿园就很兴奋，不断跟其他小朋友说起昨天听的黄梅戏。于是我对她说："你可以到表演区表演昨天学会的黄梅戏呀！"她有点害羞，旁边的小朋友也都在笑。下午区域活动时间，她和几个小朋友一起选择了表演区的活动，合作着表演，有模有样。
活动效果评价	从王晨曦小朋友的表现可以看出，幼儿对黄梅戏是很感兴趣的。另外，合作表演锻炼了幼儿的合作能力。
反思	教师要充分观察，记录幼儿的点滴表现，对主题活动的进展作出正确判断，有的放矢地介入，从而促进幼儿发展。

延伸与讨论

　　如何将主题活动与领域活动相结合？教师如何在主题活动实施过程中，关注幼儿的表现，及时调整、生成更适合幼儿发展的活动内容？试结合工作实际举例说明。

（安徽省政府机关幼儿园　王　萍）

4. 生成活动的开展

"生成活动"是相对于"预设活动"而言的。《幼儿园教育指导纲要（试行）》指出："教师要善于发现幼儿感兴趣的事物、游戏和偶发事件中所隐含的教育价值，积极引导。"如何开展生成活动，生成活动有什么样的特点，这都是一线幼儿教师应关心和思考的课题。

一、生成活动需要做选择

幼儿教师都有这样的体会，细心观察孩子，单单记录一天，就会留下满满的观察记录。孩子感兴趣的事物实在太宽泛，从送货的叔叔到今天的新老师，从儿歌里的小动物到故事里的人物，从生活常识到科普知识……其中，哪些有价值且可以开展生成活动，教师需要进行有效的选择。这不仅要求教师拥有一双关注孩子的眼睛，更需要一颗善于发掘偶发事件中隐含的教育价值的敏锐之心。比如，防疫站的医生每学期都会到幼儿园给孩子进行例行体检，大班的孩子自我意识强，对于数字也比较敏感，测量身高之后经常会有这样的交流："阿姨说我是125。""我是128。"（孩子还不太了解厘米这个单位）这些数字到底是什么意思？谁比较高呢？这时，教师可以结合大班幼儿的兴趣点，将标准测量作为孩子探索学习的主线，生成孩子感兴趣的测量内容。引导孩子先量一量教室里的物品，再和父母一起量一量家里的物品，让孩子在动手操作的过程中加深对测量的理解。

二、生成活动需要多层次

如果生成的内容低于孩子的能力水平，孩子不能"解渴"，会觉得没有意思；反之，活动内容太深奥，孩子不能理解，也会望而却步。教师不仅要关注孩子的兴趣爱好，更要了解和掌握孩子原有的知识经验。

孩子都喜欢玩水，同样一个关于水的话题，在不同年龄段开展生成活动，就有不同的活动目标。比如，在小班，可以制作冰花，让孩子感受冰化成水，水结成冰的过程。在中班，我们把沉浮、水的表面张力这样的科学内容放进去。在大班，带着孩子一起感受水的三态、水的压力。关于水的话题，一周、两周、一个月都研究不完。学科之间有很多联系，教师要寻找有价值的生成内容，既满足孩子即时的兴趣和需要，又要关注孩子长远的发展。

三、生成活动需要做记录

生成活动往往因偶发事件引起，由于孩子提供的信息可能是零散的，教师需要细心倾听孩子的表述，对他们的行为做出及时回应；引导孩子在问题情境中寻求行得通的答案；充分关注孩子的情感体验，让他们在充满人文关怀的氛围中积极主动地汲取知识。这时我们可采用记录的方式，比如说选用调查表、图片展示等，让幼儿的学习变得可见，帮助孩子更好地学习。在一次户外踏青活动中，有几个孩子发现树下有一些像小蘑菇的菌类植物，他们顿时觉得很新奇，蹲在树下七嘴八舌地研究起来。有的孩子认为是蘑菇，因为它们小小的，像一把伞；有的孩子认为不是蘑菇，因为它们和童话书上的彩色蘑菇不一样，灰灰的。当老师确认这是蘑菇时，孩子们又开始对这样的蘑菇能否食用的话题产生了浓厚兴趣，并展开了激烈讨论，于是衍生了生成活动"有趣的蘑菇"。孩子们在家长的帮助下查阅资料，辨别可食用蘑菇与有毒蘑菇，到厨房和爸爸妈妈一起制作蘑菇菜肴。"蘑菇炒青菜"、"蘑菇蛋汤"这些看似平常的家常菜，在孩子的亲自烹饪之下，显得那么不平常。孩子们将整个制作流程以连环画或者图片的形式记录下来，教师辅以作品墙的形式展示，给予每个孩子充分表达的机会，满足了孩子情感发展的需要，进一步激发了孩子探索和表达的愿望。

生成活动，让教师看到了书本上所没有的幼儿学习的过程。这些由兴趣引发的自主探索，使幼儿产生了愉悦的情绪体验。在生成的连续片段中，幼儿再次重温自己的探索经验。教师深入解读幼儿的行为，可以有效地帮助他们完善自我学习的能力。

案例　大班生成活动"好玩的鸡蛋"

今年4月，我班开展了科学活动"我从哪里来"。在"生命的诞生"环节，小鸡的孵化过程：从蛋黄表面出现血丝、血丝聚拢蛋黄分散开、出现眼睛，到形成小鸡的轮廓、长出羽毛……这些引起了孩子们浓厚的兴趣。关于鸡蛋的秘密，孩子有太多太多的问题。我们及时发现了这一蕴涵学习价值的内容，适时开展了"认识胎生和卵生"、"鸡蛋宝宝翻翻乐"的集体教学活动。在活动过程中，我们发现孩子对探索的内容意犹未尽，集体活动已经不能满足孩子的探索兴趣。为了满足孩子的发展需要，我们将集体活动转化为区域活动，并根据孩子的认知特点将材料细化，开辟了生活区、科学探索区和美工区。

生活区

活动1：一起来做鸡蛋羹

活动目标：观察生、熟鸡蛋的不同，通过制作鸡蛋菜肴进一步激发孩子的探索兴趣。

活动材料：投放制作鸡蛋羹所需的各种材料。

活动过程：教师和孩子一起探讨制作鸡蛋羹的流程；制作鸡蛋羹；品尝活动。

活动2：小鸡蛋，大营养

活动目标：让孩子认识食品配料表，找出含有鸡蛋的食品。

活动准备：让孩子带来各种食品包装盒、包装袋。

材料投放：将各种食品包装盒、包装袋贴在教室门口的空白墙面上，半固定形式，以方便孩子查找食品配料表的位置。

科学探索区

实验1：分一分

活动目标：通过闻一闻、摇一摇、转一转的方法，辨别生、熟鸡蛋。

材料投放：生、熟鸡蛋，孩子设计的生熟鸡蛋标志。

实验2：站起来

材料投放：报纸、棉花、纸盒、橡皮泥、米、布、胶带、泡沫等。

活动过程：孩子自由选择材料，探索让鸡蛋站起来的方法；在此基础上进一步探索保护鸡蛋的方法。

实验3：沉与浮

材料投放：透明器皿、漏勺、盐、搅拌棒、记录表、笔等。

活动过程：孩子观察鸡蛋在自来水和盐水中的不同状态，并尝试着做记录。

美工区

活动：绘制彩蛋

活动目标：孩子尝试着在立体的物品上绘画。

材料投放：鸡蛋、彩笔。

活动延伸：利用科学区的废旧材料，迁移鸡蛋站起来的经验，展示彩蛋作品。

分析：

教师在科学活动"我从哪里来"中，及时捕捉到了孩子的兴趣点——探索"鸡蛋的秘密"，帮助孩子梳理相关经验，有效开展了系列生成活动。在集体活动之后，孩子意犹未尽，教师选择区域活动作为集体活动的补充，通过不同区角的合理设置、分层次投放操作材料等方式，让孩子在体验中自主学习，在操作中建构知识，在合作游戏中提升经验。区域活动作为集体活动的延伸和补充，为孩子提供了更宽松的活动氛围，更自由的探索空间，更开放的材料选择，更适宜的个别指导。

延伸与讨论

　　现在很多人提倡生成活动，生成活动与预设活动是格格不入的吗？到底应该如何处理两者的关系？请结合工作实际交流讨论。

（安徽省政府机关幼儿园　方　蕾）

5. 多领域融合活动

《幼儿园教育指导纲要（试行）》把学习内容按领域进行了相对划分，但幼儿在生活中学习，而生活中的知识往往是综合性的。因此，教师在课程设计和实施的过程中，要尽可能保持和挖掘各个领域间固有的联系，融合各领域教育内容，营造与幼儿生活相一致的综合性课程形态，将各领域知识综合地呈现于幼儿一日活动中，体现教育的整体性。

一、注意一日活动各环节间的整合

幼儿一日活动大致可以分为生活活动、集体教学活动及游戏活动。这些活动在幼儿的发展中都具有特殊的价值，起着特定的作用。因此，教师应将一日活动作为一个整体，关注一日活动各个环节之间的有机联系。

例如，王老师要带领孩子们认识小兔子，她请家长带来几只小兔子，孩子们围着笼子欣赏、观察，随意捡起笼子边的青草喂喂小兔子、逗逗小兔子；班级中还挂着兔子的挂图和兔子头饰，供孩子们观赏、谈论和表演；下午游戏活动时，带领孩子们做"小兔战胜大灰狼"等体育游戏，观看相关的科教片（动画片），开展"小兔照相馆"等游戏活动；自由活动以及零散时间，鼓励孩子们看一看、说一说、画一画、捏一捏、演一演等。

点评：王老师在设计这次活动时，努力创设了一个有利于幼儿联系生活并反映生活的环境，加强了各环节间的内在联系，使活动间产生多维度的联系，让幼儿在生活中学习，在游戏中学习。

二、注意教育内容之间的整合

教师在进行课程整合时，要关注相关内容之间的联系与融合，注重综合性、趣味性、活动性，寓教育于生活与游戏中。

首先，要加强领域本身的整合。

每一个领域的教育内容都是一个相对独立的体系，但在同一个领域中，教育内容又可以做相对的划分。如在艺术领域中，有关于美术和音乐的内容，美术中又有关于画画、手工等内容；又如语言领域中，有关于倾听、表达和阅读欣赏的内容。教师在课程实施中，在保持这些内容独立性的同时，还应努力使这些内容之间尽可能相互联系，有机结合。

例如，陈老师在设计阅读与欣赏活动"小鱼的梦"时，不是一味地让幼儿看，而是先让幼儿想一想：小鱼会做什么样的梦？它的梦里会出现哪些有趣的事情呢？

点评：教师请小朋友先想一想，再看一看，最后说一说，同时还听一听其他小朋友的想法。有机地结合听、说、想、演等活动，让幼儿在宽松自然的环境中充分体会作品的内容和情感，感知小鱼的梦的美丽，实现听、看、说等相结合的综合性语言目标。

其次，要加强领域之间的整合。

教师在进行各领域间的整合时，可以围绕某一个教学活动，也可以围绕一个主题或核心内容加以延展，进行两个或多个领域之间的零星联系、多点联系或密集联系。

例如，李老师要带领幼儿学习画羊，为了避免幼儿对"羊"的认知割裂，自然地引导幼儿观察和思考：小羊长什么样子？有什么特点？喜欢吃什么？喜欢在什么地方生活？有哪些好朋友？最害怕谁？……这样，就把相关的动物知识、植物知识等联系起来了，还可以与克隆羊等高科技知识结合起来。教师可以根据需要，利用一日活动的各个环节，点数、谈话、游戏等，进行数学、语言、音乐等方面的探索和学习，尽量将有关"羊"的知识整合起来，帮助幼儿形成一个综合完整的知识体系。

另外，教师还可以围绕一个主题或者核心内容，将不同领域的内容整合在一起。

例如，陈老师在组织幼儿参观菊花展览前，考虑到此活动会涉及语言、交往、观察等综合能力，做了四项准备活动。一是让家长带领幼儿参观花店，帮助幼儿了解花的种类、怎样买卖、一些常见花卉的种植要求等。二是请幼儿和家长做调查访问，共同完成参观记录表，帮助幼儿积累有关植物等科学常识以及归类、排序等数学知识，同时培养幼儿的人文素养和社会性品质。三是组织集体教学活动"各种各样的花"，集体或个别谈话活动"我喜欢的花"、"我会买花了"、"花店的名字"，美术绘画或手工活动"美丽的花朵"、"我的花店"，情境表演"我们爱护小花儿"、"最美的花儿送给……"。四是举行班级美术摄影作品展"我眼中的花"等活动，将其中的一些人物、事件、物品、道理、原理等作为生成的线索，教师根据幼儿的兴趣和实际需要引发出新的活动内容。

点评：四项准备活动是一个不断生成、发展和完善的过程，各领域知识也由此自然形成一个完整的知识体系。教师要让幼儿在综合化、多样化的教育活动中获得体验性和生活性的知识，从而促进幼儿多方面的发展。

三、注意教育资源之间的整合

与教育内容整合密切相关的就是资源的整合。幼儿园、家庭及社区都有丰富的教育资源，如幼儿园的室内外环境、家庭环境、社区环境、社区里的人力资源等都可以成为幼儿园的教育资源，教师可以充分地加以运用，有机地整合，使之协调一致地对幼儿的成长产生积极、有效的影响。

例如，教师要组织幼儿认识医生，为了丰富教学的内容、方法和手段，就可以获得周边同事、家长的支持，组织孩子们深入医院或社区诊所，让幼儿了解各科医生怎样为病人诊治，了解抽血、打针、看牙的过程，亲自触摸一些医疗器械，体会医患之间的交流过程等。之后，让幼儿将听到的、看到的、想到的、不明白的等用自己的方式进行记录、交流……教师可以走出本领域内容的局限，实现教育资源的有效整合。

> 五大领域的融合一方面是必然的，另一方面也可能存在着生硬拼凑的情况。五大领域自然融合、相互渗透的核心和关键是什么？请结合工作实际试归纳并与同伴分享交流。

（安徽省合肥市庐阳区教育局　方明惠）

6. 节日庆祝活动

节日庆祝活动是幼儿生活中的一部分，幼儿园适当开展一些节日活动，对于幼儿各方面的发展尤其是社会性发展具有重要意义。如何让节日过得有意义而不流于形式呢？

一、节日怎么过才更快乐

引发孩子快乐的情感是首要的。如何过一个快乐的节日呢？节日前要做好准备，确定节日的庆祝方式，庆祝方式要符合幼儿的年龄特点，形式要丰富多彩，可与孩子、家长一起商量。

如教师可在节日前一周告诉幼儿："马上就要到××节日了，小朋友想怎么过呢？谁有好办法？"把问题提前抛给孩子，引发孩子过节的欲望。"那我们要做哪些准备呢？"引导孩子思考，准备工作要从环境布置着手，还要注意服装搭配。还可在节日前渗透"与他人分享"的观念，如六一儿童节前引导孩子将自己的《幼儿画报》的增刊送给没有的孩子，将自己亲手制作的沙画送给同伴，共同品尝制作的水果沙拉，等等。大班孩子毕业前夕，我们让孩子们将亲手制作的心愿卡系在气球上，带着孩子的祝福、心愿飞向远方，孩子们还互赠自制的小礼物，好朋友间互留电话号码，这些活动将为他们的童年添上一笔亮丽的色彩。

二、把自己装扮漂亮

热闹、喜庆、欢快的节日氛围，能让孩子拥有愉快的心情，积极参与到节日的环境布置中来。可将室内外环境进行一些适宜的节日装扮，把收集到的节日的传说和故事等资料用图文的形式展现出来，鼓励孩子画出五彩的画，剪出漂亮的窗花，吹出圆圆的气球，运用已有技能，采用绘画、剪贴、印染等多种方法，制作彩球、彩练等，完成"欢欢喜喜过六一"、"国旗国旗我爱你"、"热闹的元宵节"等主题环境创设，使孩子们体验到合作的快乐，增进对集体的热爱。还可将日期写在黑板一角，设置倒计时。

除了环境的装扮以外，还可有意识地引导孩子对自己进行装扮。如举行节日化装晚会前，教师可开展一些亲子小装扮活动，启发家长对孩子进行角色装扮，可扮成孩子们比较熟悉的卡通角色，如戴上羊羊角和蝴蝶结扮成漂亮的美羊羊。家长们也可表演一些即兴的节目，参与"谁是我家小宝贝"、"找妈妈"等趣味游戏，增进亲子感情。

三、快乐节日周（月）

节日活动的开展不仅仅局限于节日当天，可以设置快乐节日周（月）。如"红五月"可与"六一"庆祝活动串联起来，从 4 月底就可有意识地鼓励班级所有孩子参与各种有益的表演和比赛活动，如诗歌朗诵、故事表演、歌舞展示等，安排周一升旗仪式、周五才艺展示秀、每日讲故事等，给所有孩子展示的机会，增强孩子的自信。再如，12 月初，因天气寒冷，我们为了鼓励孩子坚持户外运动，确定 12 月为健康运动月，把"健康宝宝迎元旦"这一主题活动渗透到五大领域及幼儿游戏中，调动幼儿的主动性和创造性，鼓励幼儿自主确定活动内容，安排活动进程，布置活动环境，这尤其适合在大班进行。"一起来跳舞"、"大家来歌唱"、"宝贝一家亲"等系列活动，满足了幼儿参与的愿望，让幼儿在欢快的氛围中锻炼了身体，体验了节日带来的快乐。

四、面向全体，人人参与很重要

节日庆祝活动中往往有节目表演，老师会挑选一些聪明能干、善于表现的孩子精心排练，这样大多数孩子就会被忽视，让他们觉得"这件事与我无关"。其实，每个孩子都应该有参与的机会。就拿"六一"来说吧，从"红五月"开始，"小小运动会"、"幼儿卡拉OK比赛"、"棋艺比赛"、"故事大王比赛"、"亲子游戏活动"、"特色作品展"、"儿童剧展演"、"体操表演"等系列活动层出不穷，老师可根据孩子的情况，帮助孩子选择一至两种展现形式，本着"面向全体，人人参与"的原则，让孩子们在参与中享受节日的快乐。

案例　我的"六一"我做主

场景描述：

一天，我和大班的孩子聊到节日的话题："孩子们，你们的'六一'喜欢怎么过呢？"一时间，孩子们唧唧喳喳地议论开来："我要去游乐园。""我想买个新的奥特曼。""我想和爸爸妈妈一起出去旅游。"……"要是在幼儿园过，可以怎么庆祝一下呢？和小朋友、陈老师一起怎么过节呢？你们都出去玩了，我不是很孤单吗？""哦！是啊！我们可以唱歌给你听啊，讲故事也可以，和你做游戏也行！"孩子们纷纷表示愿意和老师一起过节，我又适时地引导孩子们和同伴一起过节。

活动方案：

大家通过共同讨论，确定了节日庆祝活动方案。

1. 节前先布置活动室内外环境，创设氛围。

师幼分工合作，部分幼儿在室内和老师共同进行绘画、剪贴、拼搭等作品展示，主要在墙面、窗户、黑板上悬挂由幼儿与父母亲自制作的手工作品；部分幼儿在户外由老师引导着进行自由墙面画。几位热心的家长帮忙悬挂及摆放物品，如气球、幼儿制作的彩带、花环等。

2. 丰富多彩的庆祝活动。

孩子们通过讨论逐步达成一致意见，庆祝活动将以系列活动的方式开展，包括"儿歌大合唱"、"才艺大展示"、"七嘴八舌说趣事"、"宝贝一家亲"等活动，本着自愿报名的原则，由孩子与父母共同商量确定。庆祝活动由大合唱拉开了序幕，热心的家长帮忙找来了一支乐队，孩子们在欢快的乐曲声中放声歌唱。在才艺展示及说趣事活动中，有几位老人和孙子们边唱边玩，真是童心未泯啊！孩子们在没有任何压力的环境中玩耍，开心极了！最后的"宝贝一家亲"游戏环节将活动推向了高潮。孩子和家长相互合作，顺利地闯过了一关又一关。伴随着欢快的音乐声，教师将奖品、礼物发给了一个个天真可爱的孩子。随机增加的"孩子对父母说……"环节也很有意义，此时孩子们说出了自己的心里话，促使家长进一步反思自己平时的一言一行。

分析：

"六一"是孩子们盼望已久的节日，把快乐、欢笑、温馨、童趣带给每一个孩子是活动的宗旨。为了让孩子们过一个开心难忘的节日，教师要给孩子一定的决策权，和孩子们一起讨论研究，设计出一套真正能让孩子收获快乐的"六一"活动方案。快乐的节日才值得怀念，快乐的童年才是有意义的童年！

延伸与讨论

1. 反思幼儿园的节日庆祝活动，有哪些做法值得保留，哪些需要改善。

2. 如何开展具有班级特色的节日庆祝活动？结合一个节日和同伴交流分享。

3. 你如何将节日活动渗透于课程中？试举例来说明。

（安徽省合肥市双岗幼儿园　陈天竹）

7. 外出活动

郊游一直是孩子们很喜欢的一项活动，但考虑到安全问题，很多幼儿园只是走走过场。以下是我园进行的一次郊游活动，仅供大家参考。

大一班南京郊游活动方案

活动背景：如今，选择节假日出游的家庭日渐增多，但游玩前的准备工作基本上由家长独自承担了，小孩子参与的很少。考虑到出游准备这一环节蕴涵了自主选择、计划活动等社会领域的内容与要求。于是，我们为幼儿创设了一个选择的机会，并让幼儿在活动中充分体验与同伴协商、分工和合作的过程。在活动中鼓励孩子们学会思考，开阔眼界，丰富生活，激发孩子们的创造力和想象力。

活动时间：10 月下旬（两天）

活动地点：南京

活动人员：大一班全体老师及幼儿

活动准备：

1. 幼儿自带一个水壶（最好是保温的）。

2. 着装便捷，易脱换。

3. 晚上请按时入睡，以保证第二天精力充沛。

活动目标：

1. 通过参观南京的雨花台、中山陵等景点，领略祖国的大好河山，激发对祖国的热爱之情。

2. 能在两天的郊游活动中主动观察周围环境与事物，主动参与不同的活动项目，并敢于表达自己的所见所想。

3. 坚持自己的事情自己做，不依赖他人。懂得同伴间互相帮助，并学会自我保护。

友情提示（家长准备）：

1. 为幼儿准备好出游所需要的物品：食品、水、塑料袋、洗漱用品及更换的衣物等。

2. 请给幼儿穿秋季园服，戴园帽。

3. 每人准备若干零钱（不超过10元）及零食。

活动效果：

随着年龄的增长，孩子自我服务的意识越来越强烈。可是，家长经常包办代替，小孩子自己动手的机会越来越少。因此，我们选择"郊游"这一幼儿感兴趣的活动主题，希望幼儿学做力所能及的事，知道如何做合理的规划。郊游的时间是两天，在这两天里，孩子们真正远离了家长的陪伴，大部分时间是自己照顾自己。在活动中，教师注重培养幼儿的自主选择和自我计划能力，鼓励他们自己解决问题。这次活动，使幼儿初步具有集体意识和团队合作意识，培养了幼儿良好的情感态度和自主能力。此外，利用活动中的一些情景，让幼儿主动为集体、为他人服务，使幼儿体验到了同伴间的关爱之情。孩子们的兴致一直很高，特别是第一次体验集体住宿，大家显得特别兴奋。

当然，防患于未然，做好安全教育工作非常重要。可以从加强教师的责任心、提高孩子的自我保护能力、活动中配备足够的人手等方面做好安全防范，以保证郊游活动正常开展。

第一，加强教师的责任心，做好安全防范工作。

安全工作的首要任务是加强教师的责任心，提高教师的安全意识。为此，可以在园内开展安全工作方面的经验交流，也可结合具体郊游场景，进行安全工作讨论，假设途中可能出现的安全问题，找到应对措施，共同提高安全工作能力。

第二，提高孩子的自我保护能力，增强安全防范意识。

孩子由于年龄很小，容易激动，走出活动室、幼儿园，面对广阔的大自然，他们会有一种无拘无束的感觉。为此，我们应加强安全教育，将安全教育工作渗透到一日活动的各个环节。

第三，做好郊游的保育工作，配备足够的人手，尽量减少安全隐患。

郊游活动的保育工作非常重要，在郊游前要做好一些准备工作，比如，让幼儿喝适量的水，提醒大小便，检查幼儿的着装情况，根据幼儿的年龄及体力安排好适合的路线、地点等。在郊游过程中，教师要注意观察幼儿的身体情况和情绪状态，及时调整活动的节奏，让幼儿适当休息、补充水分和增减衣物，经常清点幼儿人数，防止幼儿走失。

第四，做好郊游后的谈话、总结工作。

郊游活动结束后，教师可就幼儿在郊游活动中的所见所闻组织开展谈话活动，可结合各领域教学目标，有针对性地进行总结。可启发幼儿把郊游活动中看到的、听到的、想到的用笔画下来，并讲给自己的朋友、老师、家长们听。可邀请部分家长参与郊游活动，让他们目睹教师开展此项工作的过程，从而对教师的工作有更深切的理解，对幼儿园开展的各项活动给予更坚定的支持，取得教育的一致性。

每个年龄段的幼儿适合不同的郊游形式，如亲子游、体验游、创作游等。列举几种，供大家参考。

一、亲子游

比较适合小托班的幼儿。因为孩子的年龄小，刚刚从家庭步入幼儿园，亲子游会让他们更有安全感，而教师最担心的安全问题也相对有保障。家长与孩子在郊游活动中一起感受在玩中学、学中玩的乐趣，还可增强亲情。亲子游也为家长和幼儿园搭建了进一步沟通交流的平台，以构筑新型的家园互动体系。

活动准备：

1. 向家长详细说明需要配合的内容，这样可免去不必要的麻烦。

2. 最好就游戏内容事先与幼儿沟通，简单练习，看游戏是否具有危险性。

二、体验游

适合各个年龄段的幼儿。让孩子感受大自然的乐趣，开阔视野。孩子在不同的环境中感受不同的心境，体验生活，激发孩子不断参与的欲望与兴趣。

活动准备：

1. 幼儿简单了解目的地的环境。
2. 有初步的自我保护意识。

三、参观游

适合各个年龄段的幼儿。通过参观不同的地点、环境，如参观科学馆、消防队、植物园等，感受不同的人、物、事，了解不同的生活状态，激发幼儿对不同状态下的事物的探索与发现。

活动准备：教师事先了解行程，以便突出此次参观的重点，激发幼儿的参与欲望。

四、创作游

比较适合中大班的幼儿。以创作写生为主，让幼儿用自己的画笔勾勒出在自然界中感受到的美。孩子在活动中观察周围事物，体验创作带来的成功感。

活动准备：画笔、画夹，找到适合幼儿观察的自然环境，便于创作的空地。

通过组织丰富的郊游活动，发现教育契机，引导孩子学习与探索。虽然郊游活动有时只有半天或者一天，但它带给孩子们的成长记忆却是难忘的，是其他活动无法取代的。

1. 幼儿园集体外出与家长自己带孩子外出意义有何不同？在组织上有何区别？

2. 就自己幼儿园组织的外出活动安排与同伴分享交流并总结反思，为下次外出活动制定一个活动方案。

（安徽省合肥市林旭幼育幼儿园　徐　玲）

8. 社区活动

幼儿园社区活动是指在社区内为幼儿设置的各种教育活动，具有地域性和灵活性，可以因地制宜，使幼儿获得更丰富的社会经验，促进其全面发展。

一、挖掘周围环境资源，开展社区活动

美国幼儿教育家罗宾森说过："对我们成人来说，社会生活方式，人类的过去、现在和未来，以及居住在不同地域人们的生活等等，都是习以为常的现象，但幼儿需要学习。"这句话从一定程度上说明了社会学习的意义所在。那么，我们就要挖掘适合幼儿园开展社区活动的资源。

例如，我园周围有许多大型的企事业单位以及环境幽雅的住宅小区，这对我们的社区教育非常有利。我们带着孩子们来到颇具规模的"合家福"超市，让他们看看摆放整齐有序的商品以及孩子们所熟悉的面包等食品的制作过程，感受都市生活的繁华。现代化的居民小区，环境幽雅，花草树木繁多；设施先进，网球场、游泳池、休闲广场一应俱全。孩子们兴致勃勃地观赏，互相交谈，共同讨论，在不知不觉中习得知识，开阔眼界。

利用这些社区资源，不仅让孩子们学到了知识，更重要的是获得了认识社会、体验生活的机会，孩子们的情感得到了陶冶，学习兴趣不断地被激发。

二、社区活动的开展要有差异性和层次性

首先，开展社区活动时要注意幼儿的年龄差异。小班幼儿的社区活

动可增加社会性交往的成分。因此，我们充分利用午餐后的时间和游戏活动时间，带着小班幼儿手牵手在小区的广场散步，让他们相互交流，并和社区居民进行适当的交往。中、大班幼儿的社会情感有了进一步发展，出现了道德感等高级情感，外部表情以及各种交往和情绪表达手段日趋社会化。根据这种情况，我们通过参观邮局、远足等一系列社区活动，逐步培养幼儿的同情心、是非感、爱憎感等。

其次，要注重社区活动的层次性。我们从幼儿熟悉的社会场所开始，先参观超市、邮局、新华书店，再参观幼儿不经常涉足的消防队、小学等。幼儿通过接触生动、多样的社会现实，积累了一定的社会生活经验。

比如，在同一学期中，为体现社区活动的差异性，我们在小班开展了"快乐肯德基"活动，在中班开展了"超市小当家"活动，在大班开展了"爱心敬老院"活动。

三、社区活动与幼儿园教育活动有机结合

能否开展有效的社区活动，社区环境不是主要的，关键是教师能否敏锐地抓住问题，发现有教育价值的事件并加以有效利用。对于开展社区活动，不宜狭隘地理解为花几天工夫搞一次什么活动，不要抱着完成任务了事的心态，而应当认识到这是对幼儿园教育有着重大意义的工作，在时间和空间上都具有充分的延展性，可以贯穿于整个幼儿园教育。

大班下学期，孩子普遍感到自己即将成为一名小学生，这种长大的感觉，引发了孩子模拟小学生的愿望。为了让孩子体验小学生的生活，我们安排了参观小学的社区活动。孩子们发现了小学有许多和幼儿园不一样的地方：刘文凯发现了小学分男厕所、女厕所，而且男女厕所的布局也是不一样的；李佳佳发现小学有课间 10 分钟，小学生们在跳绳、跳橡皮筋；耿若晨说我们没有班长，小学有班长，我们能不能也有啊？

参观小学时，他们向小学的哥哥姐姐提出了各种问题，亲密地交流，而我只是一个参与者，营造宽松、和谐、民主的氛围，使幼儿体验到愉快、无拘无束的美好情感。这样的活动让幼儿不仅了解了小学生的学习、生活情况，而且从思想上做好了入学准备。

如今，幼儿教育正向多元化、开放化发展，我们应该多渠道开辟教育途径，全方位探索教育方法。把社区活动有机地渗透到幼儿园教育中，定能使我们这片幼教园地更加生机盎然！

案例　参观超市

为提高幼儿的社会实践能力，充分利用周边环境的教育资源，丰富孩子们的社会经验，我园组织全体幼儿参观社区里的"合家福"超市。小班、中班、大班参观超市的侧重点各有不同。

小班：

小班孩子们看着琳琅满目的商品，特别兴奋、好奇，时不时地与同伴讲述自己的发现。在老师的介绍下，孩子们知道了不能随便拿走和品尝超市里的东西、不能把推车拿来玩、到收银台交钱后才能把物品拿走等应该遵守的规则。活动中孩子们还主动学会了使用礼貌用语，如"谢谢阿姨"、"阿姨再见"等，懂得了购物时不能乱丢乱放商品、要把不要的商品放回原处等。孩子们还观看了超市工作人员摆放商品的过程，感受了工作人员的辛苦。

这次参观超市活动，让孩子们感受到了超市给我们的生活带来的方便，同时也增强了孩子们的社会交往能力。孩子们在活动中收获了知识，体验到了快乐。

中班：

孩子们在热情的导购员和教师的引导下，有序地参观超市，细心观察了超市里各种各样的商品。在参观的过程中，孩子们好奇、专注地浏览着超市里的各种物品，轻松、积极地与同伴交流。孩子们对超市的区域划分、商品分类、商品摆放及货架上的标签有了初步的了解，还认识了标价牌和超市里的一些安全标记，知道买商品需要付钱等。通过这一实践活动，孩子们走进了社会大课堂，在看看、说说、讲讲中开阔了视野，增长了见识。活动拉近了幼儿与社会之间的距离，取到了很好的教育效果。

大班：

在老师的带领下，孩子们一路上兴高采烈，纷纷谈论着超市里的一些物品。小朋友们在老师的带领下有序地入场参观。孩子们的到来受到了超市里叔叔阿姨的热情欢迎，孩子们在导购员和教师的引导下，细心观察了超市里各种各样的商品。首先观察超市的整体布局及商品的摆放；随后孩子们参观了玩具、食品等柜组，并做了记录；最后，孩子们进行了实地购物，文明地挑选，有序地结账，主动与收款员交流，并知道拿好找的零钱及购物小票。孩子们体验到了独自购物的乐趣，感受到了货币与物品的关系，积累了生活经验，增长了购物常识，扩展了视野。

本次活动，不仅丰富了幼儿的知识，而且使孩子的社会性得到了进一步发展。

延伸与讨论

> 对自己幼儿园的社区资源做一次全面梳理，并分析本学期班级社区活动的组织与开展情况，在一定范围内交流与分享。

（安徽省合肥市林旭幼育幼儿园　陈欢娣）

$9.$ 家园联系活动

在幼儿成长的过程中，家庭和幼儿园都发挥着不可或缺的作用，并且两者要充分交流、密切合作，这已成为幼儿教育的常识。

一、张老师一天工作剪影

清晨，张老师早早地来到班上，打开门窗后，便站立在活动室门口，用真诚的微笑迎接家长和孩子。

"晓睿爸爸，见到您真高兴。您有半个月没来幼儿园了吧？这是晓睿的成长档案，里面记载着孩子近两周在园的生活、学习情况，请抽空看看吧。晓睿最近爱吃青菜了，中午入睡也比以前快些了。"

目送走晓睿的家长，只见雯雯的妈妈气呼呼地走了过来，后面跟着一脸泪痕的雯雯。"老师，你看气人不气人？这么冷的天，叫她穿大衣，她就是不肯！"张老师一看，发现雯雯今天穿了一件胸前绣着"喜羊羊"图案的新毛衣。张老师蹲下身来，轻声地说道："多可爱的喜羊羊呀！快给它穿上大衣，别让它着凉了，好吗？"雯雯点点头，伸手穿上了大衣。见老师一句话便化解了难题，雯雯的妈妈向张老师投去了敬佩的目光……

10点整，张老师到园门口迎接杨帆的妈妈。这位和善能干的医生妈妈，身穿白大褂，胸挂听诊器，深入浅出地给孩子们讲解卫生知识，告诉小朋友为什么每天早晚要刷牙，要勤剪指甲，为什么打针吊水时不要哭，等等。小朋友们既觉得新鲜又感到有趣，在说说笑笑中懂得了不少医学知识。

下午，接孩子的时间到了。"心怡奶奶，您这边来，我跟您说件事儿。中午，心怡可能多喝了一点排骨汤，午睡时尿了床。这孩子内向、怕羞，我们已经悄悄地给她换了内裤，垫被也拿到暖气片上烤了。请您把垫单带回去洗一洗，千万别当众人的面批评孩子。""行，那太感谢张老师了。"

家园联系的形式和方法有很多。从张老师一天工作剪影中，我们可以看出，日常性的家园联系应是最基本的形式，多表现为教师与家长之间的个别联系。如，张老师利用接送孩子的时间，与家长进行个别交流；为每个幼儿创建成长档案，随时与家长互通信息，引导家长密切关注幼儿的进步和发展；有计划地邀请一些有一技之长的家长（如消防队员、科技工作者等），主持幼儿园的教育活动，发挥他们的教育优势。

二、一份班级家长工作月份安排计划

九月份：召开家长会，民主选举两名家长担任家委会成员；
十月份：对家长开放半日活动；
十一月份：给"爷爷奶奶班"开专题讲座；
十二月份：开展"迎新年亲子联欢会"；
一月份："愉快度寒假"专题宣讲活动。
注：每月根据情况走访2—3个家庭，进行个别教育。

透过这份计划，我们可以体会到，全园性的家长工作需要有计划、有目的地进行，并要做精心的准备，这样才能收到理想的效果。例如，在幼儿入园前，召开不同类型的家长会，向家长介绍幼儿园教育的概况、班级的学期工作计划与要求，解答家长关注的焦点问题等；在幼儿入园后，把每个孩子玩游戏及学习等的照片，分门别类地布置成主题墙或宣传栏，向家长展示，并定期邀请家长来园观摩各种活动（如幼儿早操表演、亲子运动会等），让家长直观地看到孩子在园的表现，了解老师的辛勤工作；对家长群体进行分类（如新生家长班、隔代家长班、妈妈班、爸爸班等），有针对性地开展培训活动，举办各种专题讲座，让不同层次的家长从中受益。

案例一

早晨，浩哲的奶奶送孩子入园。每次，她不是送了就走，而是要看着孩子吃完早饭才走。"老师，你再给孩子一个肉包子，他爱吃。""老师，你要多给浩哲盛饭菜，他食量大。"老人总是不厌其烦地叮嘱老师、要求老师。

下午，接孩子时，浩哲的奶奶见孩子换了一条裤子，便气不打一处来："你怎么又尿裤子啦！从前不是这样的呀。"在说这番话时，老人根本不理会身边想做些解释的老师。孩子则低着头，小脸涨得通红。忽然，老人发现了什么，大声叫了起来："老师，宝宝的脸怎么被人抓破了？"老师忙上前查看："啊，在哪儿呢？"孩子扭过脸来。原来是芝麻粒大的一个红印儿。尽管如此，老师还是俯下身子询问孩子："知道是谁抓的吗？""是我家门口的小贝抓的。"孩子回答。浩哲的奶奶瞪了孩子一眼，不悦地说："你个没用的东西，尽受人欺负。"说完，她转身拉着孩子走了……

分析：

显然，浩哲的奶奶不太信任老师。所以，她要亲眼看到孩子吃好吃饱才放心地离开。而一旦发现孩子又尿裤子了，便断定是老师没尽到责任。其实，浩哲尿裤子，第一次是因为刚入园，有了小便不知道说，便解到裤子上了。后来，在老师的关照和培养下，孩子已学会表达要求，一直没再尿裤子。

建议：

尊重是有效沟通的首要条件，尊重可以换来信任。对于像浩哲的奶奶这样要求特别多的难缠家长，我们要做的就是用尊重赢得他们的信任。首先，在与他们相处时，教师一定要有宽大的胸怀，学会坦然地面对指责和误解，以尊重的态度、诚恳的语气，让家长明白怎样做才是真正爱孩子。其次，教师要关爱每一个孩子，让家长感到你是一个喜欢孩子并善于教育孩子的教师。再次，本着生活即教育的原则，要注重孩子生活习惯和自理能力的培养，让家长真切地看到孩子的进步和成长，用自己的真诚付出换取家长的信任、理解和支持。最后，让一日生活公开化，把孩子在园生活的照片展示出来，让家长知道孩子过得愉快而充实。

案例二

下午，婷婷的妈妈来接孩子。"老师，婷婷在幼儿园表现怎么样呀？""挺好的。""好什么呀？每次回家问她在幼儿园学什么了，她都说玩游戏。你们幼儿园怎么不教识字，不学拼音，不开珠心算课呀？我们邻居的孩子在别的幼儿园也上中班，已经会认很多字，学了很多拼音，20以内的加减全会算。和人家比起来，我们婷婷就像个傻子。告诉你们园长，再这样下去，我们就转学。"

分析：

显然，这是一个教育观念陈旧、"望子成龙"心切的家长。这样的家长喜欢拿自己的孩子与其他孩子作比较，希望自己的孩子能走在前面。一旦发现孩子不及别人，便迁怒于老师和幼儿园。

建议：

首先，孩子的成长永远是家长关心的焦点。家长渴望了解孩子在园的一切情况。作为老师，要善于观察每一个孩子，了解他们的表现，分析他们的能力。只有这样，在与家长沟通时，才能用事实与例子加以辅证，比如，今天学了什么，孩子掌握了哪些，还有哪些要提高，指出孩子的具体进步或不足，使家长信服，并在此过程中，潜移默化地渗透我们的教育理念，从而与家长达成教育共识。

其次，教师可以把幼儿在不同年龄段的发展目标解读给家长听，如小班侧重于生活习惯、自理能力的培养以及身心保健等方面，大班开始幼小衔接工作，重在学习习惯、学习能力的培养等，并着重对中班孩子的年龄特点和教学重点进行科学的分析和专业的介绍，让家长明白，幼儿的发展和教育是有规律的。

延伸与讨论

班级中普遍存在爸爸较少关注孩子教育的情况，因此，老师想组织一次与爸爸家长的交流活动，请你制定一份详细的"爸爸家长"交流活动方案。

（安徽省政府机关幼儿园　王　燕）

10. 幼小衔接活动

对于幼儿来说，从幼儿园进入小学是人生的一个重要转折，他们将要独立地去适应新的学习生活环境，人际交往、生活节奏、学习内容等都将出现很大的变化。如果幼小衔接进行得不顺利，他们将会在生理和心理上出现不良反应，因此，做好幼小衔接工作，是幼儿交往、学习、生活的基础和保证。那么，我们应为幼小衔接做好哪些工作呢？

一、倾听习惯的培养

我们常常看到幼儿有这样的表现：在别人说话时急于插话，自己回答完问题就不听别人的意见或建议，只顾做自己喜欢的事而不听老师或同伴讲，等等。这些都是倾听习惯不好的表现。没有好的倾听习惯，会影响幼儿今后的学习态度和质量。

1. 在教学活动中着意培养

教师有目的地组织倾听训练活动，如听指令做动作（请幼儿把某东西送给某老师或某个小朋友），传话给别人（教师告诉第一位小朋友传话的内容，然后逐一向后传话，最后一位小朋友说出传话的内容），带着问题欣赏文学作品，按规则完成游戏任务等。这些活动让幼儿在倾听过程中，理解规则、规范行为，同时在学会理解性倾听的基础上，充分发挥听觉的作用，为日后进入小学的听课、学习打下良好的基础。

2. 在日常生活中有意渗透

为了让幼儿形成良好的倾听习惯，教师要有意识地抓住一日活动各环节开展倾听训练，如利用饭前饭后的空余时间，给幼儿播放一些优美的轻音乐和动听的儿歌，或请幼儿讲故事等；在幼儿散步或外出郊游时，让幼儿倾听自然界的各种声音，然后引导幼儿模仿、讲述，激发幼儿的想象力。

3. 在教师的鼓励中形成习惯

教师适时巧妙地称赞和表扬幼儿，有利于幼儿的发展。在日常教育教学活动中，只要幼儿有良好的倾听表现，教师就要不失时机地给予表扬，使其在鼓励中养成倾听的好习惯。

二、任务意识的培养

幼儿进入小学后，老师布置的任务不仅在数量上比幼儿园多，而且必须完成。在进入大班后，教师就要有意识地培养幼儿的任务意识。首先，教师把幼儿要完成的任务交代给家长，如带一些废旧材料，到户外去观察大自然并做记录等，由家长帮助幼儿完成任务，目的是让幼儿懂得教师布置的任务一定要完成，形成任务意识。其次，教师直接将任务交代给幼儿，由家长提醒幼儿需要完成什么任务，以此增强幼儿的任务意识，使幼儿逐渐形成良好的行为习惯。

三、规则意识的培养

小学的学习有较强的规则性，一节课40分钟，全体学生集中上课，要求学生遵守课堂纪律，按老师的要求独立完成各项任务。因此，到了大班下学期，教师要注意培养幼儿的规则意识。

一是建立班级规则。利用一日活动各环节，和幼儿一起尝试拟定班里的一些规则制度，如安静午餐、入睡，有序取放物品，排队喝水等，让幼儿自然而然地形成良好习惯。

二是建立游戏规则。利用班级的区域游戏活动，带领幼儿根据活动区的游戏玩法制定规则，并在玩的过程中执行规则要求。由于是自己参与制定的规则，幼儿特别容易接受，执行起来也很顺利。

三是开展规则性强的活动，如棋类活动、户外竞技活动等，让幼儿在同伴的监督下学会遵守规则，逐步形成主动遵守规则的意识。

四、家园共育，做好入学准备

无论是习惯的养成还是能力的培养，单靠幼儿园一方的努力是不够的，还需要赢得家长的支持和协助。在大班初期组织专门的家长会，向家长宣传幼小衔接工作的重要性，介绍幼小衔接工作的具体做法，以赢得家长的理解和合作。在组织幼小衔接活动时，小学信息的收集、学具使用方法的练习等，都可以请家长协助完成。

五、开展主题教育活动

在大班下学期要开展有关幼小衔接的主题活动，围绕入学的话题，从不同层面来激发幼儿对小学学习的兴趣和欲望，提高幼儿独立学习、生活的能力，培养幼儿良好的学习、生活习惯。

案例 主题活动表："我爱上小学"

主题名称："我爱上小学"　　　　活动时间：2011 年 5—6 月

活动形式	活动内容	活动目标
集体教学活动	参观小学	了解学校环境、小学生的学习和活动特点，对小学生活产生兴趣，向往小学生活
	我的小书包	认识各种学习用品及其用途用法，学习整理保管自己的学习用品
	体验一分钟	认识时钟，懂得时间的宝贵
	不和陌生人说话	学习自我保护的方法，建立自我保护意识

活动形式	活动内容	活动目标
区域活动	小学生课堂	模拟小学生的生活，了解小学生的学习活动特点
	我会用	学会使用和爱护文具
	制作课程表	了解小学生的课程内容
	整理小书包	学习整理书包的方法，知道学具要归类收放
生活活动	小值日生	形成为班级服务的集体意识
	考勤牌	遵守入园时间，养成守时好习惯
	记录本	学会记录自己每天应该做的事，形成任务意识和良好学习习惯
	制定班级责任书	增强集体活动的规则意识
	课外十分钟	学习安排自己的课外活动时间和内容
环境创设	墙饰："相亲相爱一家人"、"我的小学"、"小学调查图"	理解集体的概念，体验并珍惜集体生活带来的快乐；与同伴分享自己对学校的了解，对学校生活产生向往之情
	上学路上	认识一些路途标记，增强安全意识
	离园倒计时	为自己快要成为小学生而自豪
	设计小学教室	熟悉小学教室的环境，逐步规范自己的行为
家园共育	去文具店购物	帮助孩子认识各种文具，给孩子做好物质准备
	带孩子参观小学	帮助孩子熟悉学校环境、上学的路线等，让孩子做好心理准备
	制定在家活动时间表	帮助孩子认识时钟，养成遵守时间的好习惯

分析：

这是大班幼小衔接主题系列活动方案表，从表格中可以看出该活动计划周密而全面。

第一，活动时间安排合理。本活动时间是幼儿入小学前两个月，临近大班毕业。在此时开展活动，可以为幼儿入学做好物质、心理准备。

第二，活动内容设计全面。主题活动利用集体教学、区域活动、生活活动、环境创设等形式，渗透了入学愿望、学习兴趣、学习与生活习惯以及安全知识等多方面的内容，使幼儿在系列活动中能较全面地了解小学生活，养成良好的学习习惯，对入学产生向往之情。

第三，活动目标明确、可操作性强。每个活动目标重在让幼儿认知小学的校园环境和小学生的学习生活，旨在为进入小学做好认知方面的准备，激发入学的欲望。

第四，注重家园共育。注重和家长的合作，让家长也参与到幼小衔接活动中来，让幼儿感受到家园共育的氛围。

延伸与讨论

1. 结合你班开展的幼小衔接活动，谈谈案例中的"参观小学"活动还可以补充哪些内容。

2. 请你试着设计幼小衔接系列主题活动，在小组中谈谈每项活动该怎样实施。

（安徽省委机关幼儿园　裴章梅）

11. 公开课活动

一般来说，一所幼儿园每学期都会组织各种各样的公开课。上好公开课成为教师们的共同心愿。那么，怎样才能上好公开课呢？

案例　小班健康活动"好玩的桌子"

活动环节	一研：神秘的通道——桌子 执教：李影	二研：神秘的通道——桌子 执教：李影	三研：好玩的桌子 执教：方蕾
活动目标	1. 乐意参加体育活动，体验与同伴游戏的乐趣 2. 练习手膝着地向前爬、变速爬和转身向后爬的动作	1. 乐意参加体育活动，体验与同伴游戏的乐趣 2. 练习手膝着地向前爬、变速爬和转身向后爬的动作	1. 乐意参加体育活动，体验与同伴游戏的乐趣 2. 学习手膝着地协调地爬行
活动准备	桌子4张，乌龟胸饰若干，魔棒	高矮宽窄不同的桌子6张，乌龟胸饰若干，泡沫垫"小路"，自编"乌龟操"，音乐《小乌龟》	7张充当"山洞"和"山坡"的桌子，乌龟胸饰若干，粮食（沙包）和塑料筐若干，纸箱四面镶"果子"
热身活动	体操：《今天天气真好》	做自编的"乌龟操"（两遍）	1. 问候歌"乌龟宝宝在哪里"； 2. "乌龟操"（一遍）

续表

活动环节	一研：神秘的通道——桌子 执教：李影	二研：神秘的通道——桌子 执教：李影	三研：好玩的桌子 执教：方蕾
学习活动	1. 幼儿自由练习爬 2. 请一幼儿示范爬，教师小结 3. 听口令练习向前爬、变速爬和转身向后爬	1. 幼儿自由练习爬 2. 请一幼儿示范爬，师幼共同小结爬的要领，教师示范爬 3. 听口令练习向前爬、变速爬和转身向后爬	1. 幼儿自由探索手膝着地爬 2. 请一幼儿示范爬，师幼讨论并小结，教师边念儿歌边示范爬：两只手放地上，两只眼睛向前看，膝盖和脚都着地，一步一步向前爬
练习活动	游戏"神秘的通道"：幼儿听"巫婆"口令爬过有"危险"的通道	1. 创设情境"彩色小路"，幼儿爬过"小路" 2. 竞赛性游戏"钻山洞，取玩具"（两次）：幼儿分两组爬过通道，取玩具，然后回到教师身边	1. 游戏"捉迷藏" 2. 游戏"过山洞，运粮食"（幼儿从桌底爬过） 3. 游戏"翻山坡，采果子"（幼儿从桌面爬过，采"果子"送给过生日的"小松鼠"）
放松活动	幼儿爬回活动室	师幼随音乐做手、膝等部位的放松动作	师幼随音乐跳"乌龟游泳舞"

一研

1. 设计思路

小班第二学期，多数孩子手膝着地爬的动作已经学会了，为了加大动作难度，李老师在幼儿自由练习爬后，设置了一个听口令向前爬、变速爬和转身向后爬的环节。为了体现神秘性，又精心设计了一个游戏"神秘的通道"，让幼儿听"巫婆"（由另一个教师扮演）的口令（快爬、慢爬等）爬过有"危险"的通道，以练习和巩固所学的动作。

2. 成功之处

（1）教学环节清晰，教师有亲和力，幼儿很投入。

（2）在学习爬的动作技能时，教师并不急于将具体做法告诉幼儿，而是放手让他们自己去探索、去观察、去发现。显然，这一行动的背后蕴涵着新理念和新思想，突出了幼儿的主动探索，巧妙地将教师"教"的策略转化为幼儿"学"的策略，使幼儿成为了学习的主人。

3. 存在问题

（1）准备活动做得少，缺少趣味性，活动量也不够。

（2）一带而过的小结，幼儿印象不深，理解不到位，导致一些幼儿出现了与要求不相符的爬行行为（跳爬、膝不着地爬等）。

（3）教案预设的游戏角色"巫婆"不适合小班幼儿的学习需要，活动中幼儿表现出了明显的恐惧。

（4）结束环节，幼儿是爬着回活动室的，没能放松身心。

4. 调整策略

（1）充分发挥幼儿的主动性，营造宽松的教学氛围，使幼儿想爬、乐爬、会爬，增加师幼交流与互动，让幼儿多说多练。

（2）自编"乌龟操"，做好准备活动。

（3）爬的动作是本次活动的重点，教师应有简明准确的语言讲解和步骤清晰的动作示范，以便幼儿掌握。

（4）取消"巫婆"角色和"取宝"内容，增设竞赛性游戏"过彩色小路"和"钻山洞，取玩具"。一则节省人力，二则增加幼儿活动量。

（5）结束部分可编几个手腕、膝盖放松动作，师幼随乐舞蹈。

二研

1. 成功之处

（1）新的"乌龟操"让准备活动融入童话般的情境之中，趣味性强，活动量也增大了，幼儿感兴趣。

（2）在学习爬的动作时，教师既有语言小结，又有动作示范，幼儿掌握得较好。

2. 存在问题

（1）活动中，教师设置的难点较多（向前爬、变速爬和转身向后爬等），重点不突出，导致三个动作技能均未得到充分练习。同时，教师为了赶进度没能充分观察幼儿，对幼儿练习的情况反馈不多，对个别幼儿的指导也不够，教学缺少艺术美。

（2）增加的"过彩色小路"游戏缺乏趣味性，限制多，易造成教学障碍。

（3）竞赛性强的游戏规则太多，幼儿听不懂，也记不住。所以，没等教师允许，已有孩子迫不及待地爬到通道中去了，给教学造成了障碍。

（4）结束部分的放松动作过于简单，幼儿放松不充分，美感也不足。

3. 调整策略

这次课后，幼教专家亲临现场点拨："用幼儿感兴趣的方式发展他们的基础动作，是《幼儿园教育指导纲要（试行）》的精神。新授课只学爬就可以了，不要贪多嚼不烂。要把握健康活动的本质——在动作技能的学习上下工夫。"专家还建议：李老师刚工作两年，经验和感染力相对不足，可以让成熟一些的教师来上这节课，同课异构，取长补短。

据此，大家再次分析教材，调整了活动目标，降低了学习难度。对活动过程也做了较大改进。在热身环节，加入了自编问候歌"乌龟宝宝在哪里"，使得活动一开始便充满温馨和情趣；在基本活动中，以爬作为唯一的技能来学习，重点落在如何引导幼儿爱爬、会爬、爬得好上，还把动作要领编成儿歌反馈给幼儿。在复习巩固环节，不求"神秘"，但求"好玩"，还渗透了良好品质的培养。最后的放松环节，新编了"乌龟游泳舞"，让幼儿愉快地放松身心。

有人说，精彩的课不是"讲"出来的，不是"写"出来的，也不是"听"出来的，而是"练"出来的。的确，一线老师唯有认认真真、一步一个脚印地去准备、去实践、去反思，才能厚积薄发，与幼儿一起快速地进步和成长。

延伸与讨论

1. 公开课到底应该是常态课还是展示课？两者的关系如何协调？

2. 以自己熟悉的某次公开课为例，分析公开课的设计与组织要点及得失。

（安徽省政府机关幼儿园　王　燕　方　蕾）

12. 听课和评课

在新课改背景下，听课和评课已成为广大教师参与教学研究和交流的重要形式，成为激活教师的实践智慧，促进教师积极反思自己的教学行为的有效形式。

一、关于听课

1. 听课的准备

一是熟悉《幼儿园教育指导纲要（试行）》，准确把握方向；二是了解相关教育理论和前沿信息；三是了解孩子的年龄特点；四是了解执教者的基本情况；五是积累听课、评课材料。

2. 听课的基本内容

（1）听。一听教学重点是否突出，详略是否得当；二听教学语言是否精、准、美；三听教师启发是否及时、得当；四听教师的示范是否准确、形象；五听幼儿应答内容是否正确、态度是否积极主动。

（2）看。一看教师的情绪是否饱满，教态是否自然，演示是否合理，教法是否得当，指导幼儿是否有效，处理问题是否巧妙；二看幼儿的兴趣是否高涨，参与是否主动活跃，注意力是否集中，思维是否得到延伸，学习习惯是否养成等。

（3）记。记录教学过程中发生的一些小故事，教师的提问、幼儿的应答，师幼间的互动，孩子的参与情况等。

（4）思。听课的教师在观摩后一定要认真思考和分析，体会课堂教学的成败得失及其原因，思考如何从教育教学理论的高度，正确对待和解释课堂的一些教学现象，并提出改进的建议。

二、关于评课

1. 评课的原则

一是实事求是原则；二是坦率诚恳原则；三是兼顾整体原则；四是激励性原则；五是差异性原则，针对不同年龄和层次的教师提出具有差异性、包容性的意见与建议，以便教师接受和吸收。

2. 评课的内容

（1）活动组织。关注导入的审美性、趣味性、目的性和启发性；关注活动过程的流畅性，看是否疏密有致，环节是否紧扣教学目标，重难点是否处理得当；关注目标的达成度以及达成的方式。

（2）重难点的把握与突破。教学重点是针对教材本身而言的，是构成各个活动环节的基础知识和经验；教学难点是针对幼儿主体而言的，是教材中比较抽象、隐蔽，需要用新方法去认识，幼儿理解有困难的学习内容；教学难点一般都涵盖于重点之中，教师在突破教学难点时要把握好教学关键，找到问题解决的突破口，为幼儿搭建理解的中介与桥梁。

（3）教学语言。教师的教学语言要关注两个层面：一是有声语言，包括语音、语调、语气等，应做到准确而富有情感；二是无声语言，通过肢体动作和表情来帮助教师进行经验的传递，增强教学情趣，使幼儿在宽松、愉悦的环境中获得有益于身心发展的经验和能力。

（4）师幼互动。教学过程不是"授—受"的静态过程，而是教师和学生相互交流、影响的动态过程。教师要善于提问、设置情境，促进教师与孩子、孩子与孩子之间进行有序、有益的互动交流。

（5）教学特色与创意。评课时，要善于捕捉教师的教学特点和倾向性，因势利导，帮助教师发现并逐步形成自己的教学技巧和教学风格，促进专业化成长。

（6）教学辅助手段的运用。审视多媒体是否起到了不可替代的作用，是否简便快捷。要走出为用而用，盲目拿来，以辅代主，忽视文本，"新瓶装旧酒"的误区。

（7）应变能力。由于教学对象是活生生的人，所以，课堂上常常会出现一些意料之外的情况，教师要在瞬间做出判断，并想出妥善的解决办法。

（8）教学效果。教学效果是检验一堂课是否成功的重要依据，是由教学内容的组织、教师的教学理念以及组织教学的能力所决定的。评价教学效果，不但要了解幼儿从一堂课上究竟获得了多少新知识和新能力，而且要看幼儿是通过什么途径、用什么方法去获得知识和能力的，同时还要看幼儿的思维是否有延伸，是否产生由此及彼的联想；不是看教师的"才艺"得到多大程度的发挥，而是看是否培养了幼儿的学习态度、学习情感、学习习惯以及思维能力等。

三、如何组织教师有效评课

组织教师评课时，要注意避免三种现象：一是避免随意、大而化之、蜻蜓点水的现象；二是避免一言堂，园长讲教师听或专家讲执教者竖着耳朵听的现象；三是避免一味夸赞或一味批评，不找原因、不分析、不找对策的现象。大家围坐在一起，可以根据事先确定的问题展开全面评析，或从某个角度深入评析。教师们人人必讲，可多可少，可以谈印象最深的某一点，也可以谈自己的质疑和困惑，力求真实诚恳，形成分享互助的良好氛围。

案例　大班语言活动评课记录

各位老师好，下面我想就这次语言活动谈六个方面的感受：

1. 从教学目标上看，突出了一个"明"字。知识、能力、情感三维目标明确，符合《幼儿园教育指导纲要（试行)》的要求，符合教材和幼儿的实际。

2. 从教学程序上看，体现了一个"紧"字。各环节紧密相连，过渡自然，思路清晰，严谨有序。先突出重点，后攻克难点，由浅入深，步步推进，环环相扣，活动形式灵活多样，在朗诵中突破了难点。

3. 从教学方法上看，呈现了一个"活"字。教师的教法活，幼儿的学法活。教师朗诵字正腔圆，表现力强，显现了较强的教学基本功以及对课堂和教材的驾驭能力。

4. 从教学效果上看，显示出一个"好"字。幼儿在教师的引导下，很快掌握散文内容。活动密度大，幼儿人均活动4—6次，人人参与，真正体现了面向全体幼儿的教育思想。

5. 从教学特色上看，展现了一个"亲"字。即师幼双边关系和谐融洽。这一点与第三点给我留下了深刻的印象。教师笑容可掬，面部表情亲切自然，无疑为幼儿营造了轻松愉快、宽松祥和的气氛，而这种气氛的形成为教学双边活动的顺利完成打下了良好基础。

6. 最后我谈一点意见，供老师参考。如果课上适当纠正孩子的发音错误，我想会更加有利于幼儿口头表达能力的培养。

分析：

本案例中，听课教师做了一次比较全面的评析，对授课教师给予了充分的肯定，体现了评课教师较强的观察能力和分析能力，所选取的评析点比较好，也比较符合评析的内容要求，但是评析缺乏具体性和针对性，欣赏有余，分析不足，理论有余，实例不足，略显空泛和苍白。如果在谈到每一点时，能够举出教师在课堂上的具体细节，则更有助于授课教师水平的提升。

延伸与讨论

你觉得教师还可以从哪个角度来评课？教师应该怀着怎样的心态进行评课活动？在组织教师听课和评课前是否需要进行人员分工，确定各自的侧重点和关注点？你认为理想的课堂是怎样的？

（安徽省合肥市庐阳区教体局教研室　方明惠）

13. 园本教研活动

幼儿园教研活动是提高保教质量的常规性手段，也是教师专业成长的重要途径。为达到强教师素质、促保教质量、利孩子发展的目的，需要开展多种形式的园本教研活动。

一、喜欢参加教研活动吗

说起教研活动，教师脑海里可能会浮现这样的画面：专家或园长口若悬河地介绍着某种新教育理论，老师们奋笔疾书地记录；或是请大家就某一个研讨议题发表意见时，老师们头一埋，出现冷场……这种场景太常见。

其实，让教研成为教师的一种愉悦和积极的情感体验是有效教研的灵魂所在。教研活动要有实效、受到欢迎，关键是明确教师的问题在哪里，并通过集体的学习、研讨等活动有针对性地解决教育教学中的困惑和实际问题。没有问题的教研活动是没有意义的。

比如说，在新学期开始，新生、新家长、新老师、新环境之间需要磨合，小班组老师肯定有各种困惑，教研活动便可以聚焦这些问题，引导教师参与活动，进行分析，出谋划策。在同伴互助、分享交流的氛围中，可以解决实际问题，并促使教师在集体反思中提高认识和能力，相信这样的教研活动，教师一定会乐于参加。同时，作为教研活动的主体，在教研之前，请大胆提出你的问题吧！相信你一定会有收获。

二、怎么才能做到"我的教研我做主"

实践中，一本正经的教研活动往往让教师（特别是年轻教师）战战兢兢。因此，幼儿园可通过丰富多彩的教研形式，让教研活动更加行之有效。教师如何积极参与？我想这二十个字或许对你有所启发：巧于参与，勤于准备，善于思考，细于倾听，勇于提问。下面就结合几种教研形式进行简单解读。

1. 理论提升型教研

这种教研活动，以学为着眼点，让教师理解和领会理论的内在实质，然后运用理论来解决实际问题，并对实践加以思考。参与这种教研活动，通常需要注意以下几点：

（1）以学习者的姿态提前准备。主动询问、了解本次教研主题，查阅相关资料，把有价值的文章、段落、句子摘录下来或做标记，把问题记录下来，以便共同交流、商讨。记录时，要斟酌自己的言辞，对所提的问题是什么、疑惑在哪里要表述清楚，以便于研讨。

（2）积极参与是关键。教师参加教研活动，以帮助同伴和提高自身为目的，运用集体的智慧来解决个人的困惑，教师之间相互启发，相互促进。每个人的发言，看似在帮助他人，其实也有助于自身教育观念和教育行为的提升和改进。相信已做好充分准备的你，一定会抓住这样的机会，积极地参与其中。

（3）仔细聆听也很重要。听清、听懂主持人的开场白，再听同伴发言，把大家的理解、认识与自己的进行比较。同时还要思考谁的观点更合理，更能解决存在的问题，还可以追问几个"为什么"。这样在以后的教育实践中你才能灵活地处理遇到的相关问题。

（4）敢于适时地提出自己的问题。如果大家的谈话还没有解开你的疑惑，就要适时地提出问题，并积极参与讨论。其实，在平时的工作实践中，教师们经常在观摩、分析、研讨，甚至从闲聊中获得金点子，得到启示。幼儿园教研活动就是给教师提供这样的机会，引导大家有目的、有计划地与同伴商讨，以解决在教育实践中遇到的问题。

2. 课例研讨型教研

这种教研活动一般以"课例"为载体，围绕如何上好一节课而展开，分为同课异构、一课多研、互助式师徒结对课、示范观摩课等多种实践模式。每一种实践模式都有其针对性，适合园内不同专业层次的教师具体执教。因此，在参加这类教研活动时，不要盲目地研讨课例，可以在服从幼儿园教研安排的前提下，先找到适合自己的专业层次、能有效提升自身教学能力的执教模式。课例研讨，将集体探究、分析、磨课渗透于备课、设计、上课、评课的每个教学环节。只要你积极参与其中，认真思考，你一定会乐在其中，研有所获。

教研活动的形式还有很多，实践模式也多样化。如有些幼儿园开展"首席讲师"活动，请教师自愿或者轮流担任"首席教师"，负责活动内容的选定、活动形式的安排以及活动中的引导发言和总结陈词等；也有教师自愿组合选题，合作收集相关资料，向大家做"小小讲座"。如果给你"掌控"教研活动的机会，一定要积极投入。此类活动，能让你的组织能力、表达能力、合作能力等得到锻炼和提升。

案例 "幼儿园游戏之旅"

某幼儿园开展《幼儿游戏之旅》这本书的研读活动，请两位教师根据前期对书中"陈列与展示"部分章节的自学，带领大家学习、分享、交流。

王老师带领全体教师通读一遍相关章节。吴老师则先将关键词"陈列与展示"提出，用书中的理论并结合自己的理解对概念进行诠释，并将以前到南京第一幼儿园参观时留存的关于游戏环境的图片资料，按照书中"陈列与展示"的类别梳理，用幻灯片现场播放，理论联系案例，图文并茂。最后吴老师结合自己的思考，谈了实践中班级环境布置与书中所写的有什么区别以及自己的认识，还有自己班级在这方面的一些具体做法。

两位教师主讲完后，教研活动的组织者进行了总结。首先肯定了两位教师的认真准备，然后指出王老师从理论角度来研读，吴老师则结合实践加以解读，希望大家将这些认识很好地运用于班级游戏环境的布置中。

分析：

案例中描述的教研活动打破了业务园长或教研组长"一言堂"，老师们记一记、听一听的教研形式，将学习内容提前告知教师，并邀请老师来做主讲人，丰富了教研活动的形式。

案例中两位教师介绍的是一样的内容，但用的方法却各不相同，相信这与她们对本次活动的重视程度和准备工作是密不可分的。王老师以领读人身份带着大家通读相关章节。吴老师既对关键词进行了诠释，又对平时工作进行了反思，还利用教研契机将外出参观学习的资料进行梳理。谁的讲述效果更好？谁更好地利用了教研平台提升自身学习、概括、反思等能力？谁真正成为了教研活动的主人呢？答案显而易见。

全体教师共同参与研讨、交流，从而达成共识，共同成长，这才是教研活动的意义所在。但案例中却没有安排交流研讨环节，实在可惜。相信善于思考的吴老师更想听到的是同伴发自内心的建议，而不是最后教研活动组织者无关痛痒的总结讲话。

延伸与讨论

　　谈谈你是如何准备并积极参与最近的教研活动的。目前，你最希望幼儿园开展哪方面主题的教研活动？你认为你园的教研活动开展有哪些优点和不足？有何具体建议？

（安徽省合肥市双岗幼儿园　陶　茜）

延伸与讨论指南

- ## 教学活动的设计

教无定法，导无定规。教师在教学设计时，要有心、有方，努力实现对幼儿的"五助"，即一助其动脑，二助其动口，三助其动眼，四助其动手，五助其动脚。

精心的教学活动设计是高效教学的必要条件，但不是充分条件。教师开展教学活动的基本素养、对教学活动各方面的精心准备以及现场的灵活应对更是高效教学必不可少的条件。

- ## 教学活动的实施与反思

教学活动不同于游戏活动，有着明确的教学目标，可以是高结构化的以教师控制为主的活动，但幼儿园教学活动又有着自身的特点，要充分考虑给孩子自主的空间，更要优先考虑目标的达成和活动的高效。

反思可以随时随地进行，并不需要额外花费过多的时间；反思是教师专业成长的有效途径，表明自己在主动地成长；除了随机的反思外，也要有系统的反思，比如写反思笔记，通过教研活动反思与讨论等。总之，要让反思成为习惯。

- ## 主题活动的开展

主题活动实际上是以主题为线索，贯穿各领域的活动。主题活动要有所预设、有所准备，具体活动的开展有较大的生成空间。所以，教师要密切关注主题活动的进展，必要时调整活动策略，使主题活动顺利进行。

- ## 生成活动的开展

生成活动虽然是近几年提出并流行的概念，但实际上在幼儿园活动中一直存在，是教学双边活动中强调学生主体性的体现。

生成活动与预设活动也并不是格格不入的，而是相辅相成的。纯粹的生成或预设活动并不多见，幼儿园的活动大多是两者的结合。教学活动侧重于预设，游戏活动侧重于生成。

- **领域融合活动**

教师在进行领域融合时要注意四点：一是要基于目标、内容、环境、材料、方法、形式及手段等活动基本要素的合理组合，基于领域又跳出领域；二是要防止流于形式，避免片面性和机械性，充分挖掘和利用现实生活中的教育资源，在幼儿原有经验基础上组织一些幼儿需要和喜欢、有助于幼儿探究体验和交流的教育活动；三是要不断提高洞察能力、应变能力以及分析能力，为有效融合提供智力支撑；四是不断捕捉和利用新信息，根据幼儿的新发现、新兴趣点、新困难，不断拓展活动内容，为领域的融合提供可能性和必然性，实现教育各要素的有机融合。

- **节日庆祝活动**

庆祝节日本应是快乐的，但现实中确实存在节日活动"异化"的现象：无休止的排练，将节日庆祝作为展示幼儿园成果的契机等，这些情况要尽力避免。最好是安排一些全园幼儿共同参与的游乐活动，让他们真正感受节日的快乐，即便是排练节目，也应以快乐为宗旨，以幼儿的积极参与为目标。

节日也是一种社会文化。要营造节日的氛围，可将其融入一日活动中，特别是在课程中应有相应的体现。也可让孩子在现实生活中体验节日的氛围，从而积极参与到节日活动中来。

- **外出活动**

幼儿园集体外出是在集体背景下较正式的有目的的外出，与家庭外出有区别。组织难度更大，要有详细的活动预案。在条件允许的情况下，要多组织这样的外出活动，这可以开阔孩子的视野，使孩子获得特殊的体验。农村幼儿园可因地制宜，带领孩子亲近自然，深入社会。

- **社区活动**

这里的社区是指幼儿园附近具有相对完整配套功能的区域，是与居民日常生活密切相关的场所。教师可作总体规划，不同阶段安排不同的社区活动。幼儿园可与社区相关部门协商，建立常态的合作机制，开展家园社区一体化教育。农村幼儿园可因地制宜，利用得天独厚的优势开展活动。

- **家园联系活动**

首先，要选择合适的时间，提前通知"爸爸家长"，特别说明活动对孩子成长的意义；其次，要选择合适的讨论主题和形式，教师要做精心的准备，也可安排典型家长发言或介绍经验等；最后，要通过活动对"爸爸家长"的教育观念产生实质性的影响，并落实到家教行为中。

● 幼小衔接活动

除了提前熟悉小学的环境和学习方式外，更重要的是一般性的入学准备，即让孩子各方面的能力充分发展，具备良好的社会适应能力。这主要表现在情绪和社会性发展、认知和一般知识的准备、语言的发展、动作技能的发展以及学习品质（习惯）的形成等。

● 公开课活动

不要刻意地表演。公开课应以平实为美，把发展幼儿的思维品质、情感态度、学科知识和技能当成第一追求要素，在教学内容和结构上既着意设计又浑然天成。另外，公开课要具有研究性，要变"以教定学"为"以教助学"，追求师生平等互动、生生协商合作的生动局面。

功夫在平时，课前精设计。课外下工夫是前提，要用勤奋学习夯实自己的文化基础和专业知识，用踏实执著去追求教学的理想境界。公开课需要精心准备，如课前在平行班进行试教，教案记得再熟，也不如试教的效果好。活动中机智应对，面对不同的孩子、不同的活动内容，进行灵活有效的回应，如表扬、设疑、追问、适时参与等。课后要勤于反思，真正提升教学水平和能力。

● 听课和评课

评课的角度很多，但在一次评课中不求面面俱到。教师应抱着学习和研讨的态度来评课，措辞要含蓄，意见既要中肯，又不能泛泛而谈，言不由衷。对于评课也可做更专业细致的研究，预先分工，各司其职，但这一般限于专业研究。

● 园本教研活动

教研活动中的同伴交流与研讨，能有效促进教师的专业成长。因此，教师可结合自身的实际情况，主动向幼儿园提出相应的教研主题，并积极准备，深度参与。幼儿园也应根据教师的实际情况，统筹安排，合理规划，以促进教师团队的共同成长。

第四辑 生活与环境

大自然、大社会，都是活教材。

——陈鹤琴

创设与教育相适应的良好环境，为幼儿提供活动和表现能力的机会与条件。

——《幼儿园工作规程》

幼儿园应为幼儿提供健康、丰富的生活和活动环境，满足他们多方面发展的需要，使他们在快乐的童年生活中获得有益于身心发展的经验。

——《幼儿园教育指导纲要（试行）》

创设丰富的教育环境，合理安排一日生活，最大限度地支持和满足幼儿通过直接感知、实际操作和亲身体验获取经验的需要。

——《3~6岁儿童学习与发展指南》

1. 晨检及疾病防治

晨检是指每天早晨由幼儿园的卫生保健人员对每位入园的幼儿进行的健康检查，是幼儿园每天必不可少的常规保健工作。每天只有做好晨检工作，才能保证孩子在幼儿园健康安全地度过一天。

一、如何进行晨检

保健老师应在幼儿园大门口，逐个接待检查入园幼儿，记录询问和查看的情况。晨检一般遵循以下程序：

一摸：幼儿有无发热现象，可疑者测量体温。

二看：观察幼儿的精神状态、面色，观察有无传染病的早期表现，咽部、皮肤有无皮疹等。

三问：询问幼儿的饮食、睡眠和大小便情况等。

四查：有无携带不安全物品，发现问题及时处理，以免造成意外伤害。

晨检之后，根据不同状况，分别给幼儿健康（红牌）、服药（黄牌）、不卫生（绿牌）等标记牌，以便班上的老师对每名幼儿的情况做到心中有数。对带药的幼儿，由值班老师定时喂服。晨检结束后，还要详细登记患病幼儿的病状、体征，视病情进行全日观察和追踪，为学期或年度多发病、传染病的发病率统计提供依据。

严格地说，除了晨检之外，还要进行午检。午检一般由带班老师进行，除了检查健康状况外，更重要的是进行午睡前或午睡中的安全检查。在特殊时期，比如传染病暴发流行期间，也可由保健老师逐个班级进行午检，及时监测传染病疫情。

二、晨检的作用

1. 观察记录

在晨检中，对身体不适的幼儿要详细记录；对带药的幼儿，要求其家长写好药物名称、服药时间、服药剂量等；对缺勤幼儿要做好缺勤追踪记录。

2. 预防常见病、突发病

为了预防常见病、突发病的发生，保健老师在晨检时如发现幼儿有咽红、嗓子痛、轻微咳嗽等症状，在不影响入园的情况下要及时和班级老师沟通，注意提醒幼儿多喝水，户外活动时注意休息，并给予特殊照顾。若发现幼儿精神萎靡或有发热状况要及时隔离，并通知家长带患儿到医院进一步检查治疗。晨检不到位，可能会延误孩子的病情，耽误治疗时间。

3. 预防传染病

幼儿园是幼儿聚集生活的地方，传染病容易在幼儿园暴发，常见的有流感、水痘、流行性腮腺炎、风疹、麻疹、白喉等。这些疾病在春、秋、冬季和气温突变时发病率最高。所以，保健老师在传染病高发季节，一定要仔细检查，做到早发现、早隔离、早治疗。传染病高发期各班教师还要对班级幼儿进行二次晨检，各班老师要测量每位幼儿的体温、对幼儿易感部位进行逐一检查（特别是手、脚、臀、口腔及前后胸），发现异常情况立即进行隔离，并做好消毒处理工作。幼儿康复返园时，须携医院相关证明，经保健老师同意，方可入园。

4. 养成良好的卫生习惯

3—6岁是幼儿养成良好习惯的最佳时期，这一时期习惯的养成，将影响着孩子今后一生的发展。晨检中我们经常会遇到孩子指甲长、衣冠不整、啃指甲、吸吮手指、挖鼻孔等现象。发现这些情况后，保健老师一边要和班级老师沟通，让幼儿知道不良习惯对身体的危害，进行耐心正确的引导，一边还要和家长及时沟通，让孩子做到勤洗手、勤换衣、勤洗澡，不留长指甲，早晚刷牙，不带危险物品入园。

综上所述，晨检在幼儿园一日工作中占有极其重要的地位，它既预防了疾病的传播，又消除了意外的事故隐患，是维护孩子健康的一道安全屏障。

案例　疱疹性咽颊炎

描述：2011 年 5 月 12 日 10 时，老师在二次晨检时发现中班部有位幼儿口腔及咽颊部有红色疱疹，手及脚无疱疹，于是立即将幼儿带到隔离室并打电话通知家长。进一步检查发现体温 37.8℃，精神尚可，两便正常。家长于 10 时 20 分将幼儿接到医院进一步检查。老师对隔离室进行紫外线消毒一小时，对门把手、桌椅物体表面用 1：200 浓度的"84"消毒液湿抹，地面湿拖，开窗通风。11 时 30 分再次打电话询问家长检查结果。医院诊断为"疱疹性咽颊炎"，具有传染性。老师立即对患儿班级的玩具、物品用"84"消毒液进行消毒，并决定当日班级幼儿不串班活动，将幼儿餐具分开消毒，保持室内空气流通。同时邻近班级加强消毒，加强检查次数。

分析：很多上呼吸道感染症状和疱疹性咽颊炎症状类似，而老师发现问题后能及时和保健老师沟通，通过二次晨检做到了早发现、早隔离、早治疗，通过密切观察阻断了传染病在园内蔓延。

预防：为了使孩子健康快乐地成长，幼儿园应为幼儿提供健康、丰富的生活环境，开展丰富多彩的体育活动，培养幼儿参加体育活动的兴趣和习惯，提高对环境的适应能力。特别是要有足够的户外活动时间，增强体育锻炼，提高自身免疫力，减少疾病的发生。

延伸与讨论

1. 常规晨检与传染病高发期的晨检要有不同吗？你们是怎么做的？

2. 晨检容易走形式，举例说明严格的晨检程序对幼儿的健康、安全有何切实作用。

（安徽省合肥市林旭幼育幼儿园　杨　梅　钱　进）

2. 晨间活动、离园活动

一、愉快的一天

晨间活动是幼儿园一日活动的开始。孩子真诚地问候"老师早"，老师回应亲切的微笑，并与家长进行简短的交流，愉快的一天开始了。

离园活动是一日活动的结束。离园活动是一个展示的窗口，也是家园互动的窗口。离园活动直接面向家长，会影响家长对整个班级的印象。

晨间活动、离园活动比较自由，幼儿一般可以根据自己的意愿选择活动。合理的晨间、离园活动安排，能使幼儿身心愉悦，实现家园间无缝连接，有利于幼儿园保教质量的提高。

二、合理有效的组织

晨间活动和离园活动的内容非常多，常见的活动内容有以下几种：

1. 户外活动

内容可以是钻、爬、投掷等大肌肉活动，也可以是锻炼手指、脚趾等小肌肉的活动。形式可以是有组织的集体活动、小组活动，也可以是自由分散的创造性活动，这一形式更适合于在早到的一部分孩子中进行，因为人多了以后空间有限。

2. 室内活动

（1）桌面建构活动。每个班级都有许多桌面玩具。这些积塑、积木等材料在孩子手里可以千变万化，孩子们往往百玩不厌。但如果不给予指导，孩子们在日复一日的无目的玩耍中便会对其失去兴趣。如玩片状积塑，可先让孩子掌握基本的技能技巧，如横接、竖接、圈接、螺旋接等；再让孩子尝试简单的造型搭法，如手枪、飞机等。有一定的技巧作为基础，随着经验的积累，孩子们便会搭出更为复杂的造型。另外，还可展示孩子的作品，激励孩子创造的兴趣。

（2）阅读活动。阅读活动不仅可以提高阅读能力，还可以促进交往能力的发展。孩子在自己看、自己说、交换看、相互说中学到了知识，也发展了语言能力，锻炼了胆量。在小班老师可带领幼儿阅读；中班可以适当延长自主阅读时间（包括共同阅读和交换阅读），同时配合老师的提示、提问；大班则可在小、中班的基础上再延长时间，并进行图文结合的阅读等。

（3）区域游戏。根据孩子的兴趣，教师可设置一些活动区，如益智区、数学区、科学区、生活区等。幼儿在活动区里选择自己喜欢的游戏，如和同伴玩益智棋、扑克牌、智力小拼图、磁铁找朋友等，从中体验快乐和成功。

（4）手工活动。在晨间、离园活动时间，可以拿一些旧报纸让孩子撕撕、剪剪、贴贴，画一些简单的造型让孩子涂涂色，让幼儿进行泥工活动等。若能每周安排一次这样的活动，则可以对正式教学活动起到辅助作用。

3. 家长交流

好的晨间接待有三种作用：一是可以让孩子很好地投入到老师组织的活动中，活跃孩子一天的愉悦情绪；二是可以让家长对幼儿园工作更加理解和肯定；三是让教师的一日工作更轻松、舒畅。

晨间、离园活动是接待家长、与家长交流的好时机。教师要充分利用这一机会，针对个别幼儿的表现与家长沟通，以取得家长的配合；也可以向家长了解一下幼儿在家中的情况，对在家中有不良习惯的幼儿适时配合家长进行个别教育，以达到家园共育的目的。

4. 安全防范

在晨间接待环节，教师需要检查孩子的手和口袋，预防疾病的发生，阻止不安全物品进入班级。如幼儿在园出现身体不适的情况，可视具体情况与家长及时联系或在离园时反馈给家长。离园时，有的孩子看到家长来接比较兴奋，喜欢在教室、走廊里奔跑，这时容易出现安全事故。教师既要关注幼儿的安全，也要注意幼儿的常规教育，避免事故的发生。

在安排晨间活动和离园活动时，要考虑到幼儿的兴趣和个体差异，动静结合。幼儿入园时间不固定，晨间活动一般以小集体游戏和个别游戏为主，目的是锻炼幼儿的体能，发展幼儿的合作能力。考虑到教师需要与家长进行交流，离园活动以区域活动和桌面游戏为主，这样不会因为教师的离开影响游戏的进行，而且教师在指导和管理上也较方便。

案例 幼儿园小班一周晨间、离园活动安排

	周一	周二	周三	周四	周五
晨间活动	1. 集体活动"小兔跳"，听信号向指定方向跳 2. 个别游戏"切西瓜"，听信号反方向跑	1. 集体游戏"网小鱼"，练习躲闪跑 2. 个别游戏"开汽车"，利用呼啦圈模仿开汽车	1. 集体游戏"好玩的圈"，不同玩法的圈游戏 2. 个别游戏"赶小猪"，用纸棍赶球往前走	1. 集体游戏"投沙包"，单手向前投掷 2. 个别游戏"滚接球"，两人练习滚球和接球	1. 集体游戏"过山洞"，练习一个跟着一个走 2. 个别游戏"小猫吃鱼"，听信号向指定方向跑

续表

	周一	周二	周三	周四	周五
离园活动	1. 区域活动"涂一涂"，在指定范围内涂色 2. 桌面玩具"大高楼"，用积木进行简单的垒高	1. 区域活动"扣纽扣"，练习扣扣子 2. 结构游戏"金箍棒"，用雪花片拼接成长棍	1. 区域游戏"找不同"，找出两幅图不同的地方 2. 橡皮泥"做元宵"，练习团圆的技能	1. 区域游戏"大的和小的"，区分大的和小的物品 2. 体育游戏"玩沙包"，能用小脚踢一踢沙包	1. 区域游戏"娃娃家"，帮娃娃穿衣服 2. 桌面玩具"火车"，用积木横向拼搭

延伸与讨论

1. 设计一项某年龄班的离园集体游戏。
2. 结合工作经验，举例谈谈你对离园环节的安全问题的认识。

（安徽省委机关幼儿园　王　勤）

3. 盥洗活动

盥洗习惯是终身受用的良好习惯，应该从小培养，而在实际工作中，盥洗活动又容易被教师忽视。下面的一幕幕看似细小，却是教师经常会遇到的。

一、裤子又湿了

新学期开学，小班老师最头疼的就是有孩子尿湿裤子。虽然老师和保育员也经常提醒，但这种现象还是不能避免。通过耐心观察、仔细询问、家园沟通，我们发现这种现象受环境变化、焦虑情绪等因素影响。幼儿胆子小，到陌生的环境中，看到陌生的老师，不愿意主动如厕，有小便也会忍着，不愿意告诉老师；在家里用便盆或坐便器，幼儿园里的是蹲厕，幼儿不适应；不会脱裤子，如厕时不小心解到裤子上；等等。这些都是幼儿尿裤子的原因。

例如，新小班入园后，老师发现每次提醒欣欣去厕所，她总说没有小便，当发现她表情不对时，裤子就已经尿湿了。老师焦急万分，便与家长沟通。原来欣欣胆子很小，宁愿憋尿也不愿告诉老师。家长的讲述让老师感觉到，如果硬性改变孩子的习惯，肯定不利于孩子的发展，可能还会让孩子产生不愿意上幼儿园的情绪。通过与家长进一步交流，老师又捕捉到一条非常有价值的信息：欣欣在家喜欢用自己的小鹅尿盆解小便。解决问题的突破口找到了，老师请家长带了一个一模一样的小鹅尿盆放在幼儿园，同时还破例请她的妈妈来到幼儿园照料欣欣小便，老师有意识站在欣欣妈妈身旁，让欣欣看见熟悉的亲人和老师在一起，以解除她的恐惧感。慢慢地，欣欣在园终于会主动要求找"小鹅"尿尿了。

看到欣欣的进步，家长和老师都很欣慰。随后，老师又有意识地鼓励、提醒欣欣和同伴一起如厕。榜样示范是教育小班孩子最好的方式，在和同伴的集体行动中，欣欣渐渐适应了幼儿园的生活，"小鹅"终于下岗了！

二、热闹的盥洗室

又到了盥洗时间，孩子们排好队进入盥洗室。随着孩子们的到来，盥洗室热闹起来了！这边，水龙头开得大大的，芳芳和小强一会儿用小手接满水，撒得高高的，一会儿将小手当船桨在水池里来回摆荡，衣袖湿了也乐此不疲；那边，果果满手肥皂泡沫还没洗好就被一凡挤了出来；还有一些小朋友匆匆洗一下手，龙头也不拧上就跑开了。如厕的小朋友呢，更是衣裤来不及穿好，任由小肚皮露着，就直往外冲。

中、大班幼儿对常规盥洗方法及要求都已了解，但贪玩好动是幼儿的天性，只要一不留神，幼儿们就会失去控制。因此，引导幼儿进一步了解如厕与身心健康的关系，并将盥洗要求转化为自觉行动，从而养成良好的盥洗习惯，是中、大班盥洗教育的关键。

可多采取鼓励的方法。给表现好的幼儿一个亲切的微笑或手势；用评比栏的形式记录幼儿盥洗活动情况，对幼儿良好的行为进行鼓励；开展"比比谁的小手洗得最干净"、"谁的衣裤最整齐"等竞赛，这会给幼儿留下深刻印象。这些都是老师平时比较容易操作的方法。

中、大班孩子已有一定的思考问题、自主解决问题的能力，通过出示录像、图片等，让幼儿自己发现问题、分析问题，自己制定盥洗规则，也是个不错的办法。

另外，每次盥洗活动并非所有幼儿都必须去洗手、解小便、喝水，可将过渡环节的时间交给孩子，将单一的盥洗活动内容变成可依个体需要自主选择的活动内容，既可满足孩子的合理要求，又可照顾个体差异。这样盥洗室就不会沦为幼儿恶作剧的场所，盥洗也不再是流于形式而随意敷衍的事情。

三、漂亮的图示，有趣的标志

环境既是教育的背景，也是教育的手段，还是无声的老师。

盥洗室里，可爱的海底世界、有趣的泡泡图案，深受幼儿喜欢；图文并茂的洗手顺序图，起到环境暗示的教育作用，让幼儿了解正确的洗手方法；张贴节约用水的卡通提示图或绘有干涸河流与干燥土地的节水宣传画，会教育幼儿养成洗完手后拧紧水龙头的好习惯；在洗手池附近地面上贴标志，引导幼儿站在标志上排队等候洗手。这些直观形象的图画可将抽象的要求更好地展现出来。

案例　一冲就走（中班）

场景描述：接连几天，我让幼儿去洗手，发现他们洗手速度大步提升，在这么短的时间内他们是怎么把手洗干净的呢？我决定不动声色地去打探一番。今天午餐前，我还和往常一样对孩子们说："宝贝们快吃饭了，你们去洗手吧！"话音刚落，孩子们像快乐的小鸟叽叽喳喳地涌向盥洗室，而我则悄悄紧随其后。我才到盥洗室门口，浩浩就跑出来，差点撞到我身上。"手洗干净了吗？"他冲我点了点头。我又问："打肥皂了吗？"他看看我，然后一声不吭地转回盥洗室。就在我和浩浩对话时，又有很多孩子从我们身边跑回教室，我终于明白他们洗手速度提升的原委，当我走进盥洗室，眼前的一幕更让我吃惊：好几个水龙头都没关，水还在哗哗地流着……

分析：我们一直将盥洗常规、节约用水教育融合在日常教育工作中，时时刻刻提醒着幼儿，但还是出现了这种现象，真有点让我感到失望。经过和配班老师一起思考分析，我们发现，洗手常规从小班就开始培养，每天洗手的活动重复开展，洗手时反复搓洗的动作都让幼儿失去了兴趣。于是，我们决定通过游戏化的方式巩固幼儿对洗手方法的掌握，让幼儿喜欢洗手、认真洗手！

措施：第二天我便和孩子们一起复习巩固洗手的常规："你们知道洗手的方法吗？"孩子们异口同声："知道。""该怎么洗呢？"孩子们七嘴八舌地说起来："挽起衣袖。""先把手用水冲一下。""再抹点肥皂。""搓搓搓……""洗完手以后还要将水龙头关紧呢。"……孩子们说得头头是道，还不停地比划。我进一步引导："我们将刚才说的洗手步骤编成一首儿歌好吗？""好！"孩子们兴奋地喊了起来。"洗手的时候先要做什么？再做什么？最后做什么？"孩子们一边回忆一边叙述，不一会儿，一首关于洗手的儿歌编出来了。"挽起衣服袖，来把手淋湿；抹抹小肥皂，手心手背用力搓；把手冲干净，关紧水龙头；拿起小毛巾，把手擦一擦。"接着，我又请孩子们来到盥洗室体验，边念儿歌边洗手。瞧，孩子们的神情是那么专注，一种成功和满足感洋溢在他们的脸上。

实效：经过一段时间的鼓励，我发现孩子们的洗手质量大幅提高，盥洗室里一冲就走的现象没有了，水龙头也关紧了，他们的节约意识增强了。让幼儿自己定规则自己照章办事，效果还真不错。

（案例提供者：林　晨）

延伸与讨论

1. 在"两教一保"的班级人员配置下，你和班级保育员是如何合理分工，有效组织盥洗活动的？

2. 在幼儿园里男、女孩是否需要分厕，越来越受到人们的关注，你认为需要吗？

（安徽省合肥市双岗幼儿园　陶　茜）

4. 餐点活动

午餐作为幼儿一日生活中的正餐，其质量关系到幼儿的身体健康，因此老师要确保幼儿就餐时吃好、喝好。

心情好就吃得好。环境是影响幼儿进餐质量的重要因素之一。老师为幼儿创设宽松、快乐、有序的进餐环境，是幼儿愉快进餐的前提。餐前，老师可组织幼儿进行一些手指游戏、讲故事、谈话等活动，使幼儿情绪稳定，这些过渡环节还可缓解幼儿餐前等待的焦虑情绪。如，根据当日食谱组织相应的谈话活动，引导幼儿说说食谱中各种食物的样子和味道，也可和幼儿一起猜想当天的菜肴中会不会有小兔爱吃的萝卜、小猫爱吃的鱼，小羊爱吃的青菜……实践证明，这样的谈话能很好地增进幼儿的食欲。在幼儿进餐时，可适当播放一些舒缓、柔美的音乐，让幼儿带着好心情惬意地进餐。

自己动手吃得香。养成良好的进餐习惯有一个过程，幼儿在适应集体生活后，教师可结合集体教学活动、小组活动、区域活动等进行餐点教育。如可让小班幼儿通过观看情境表演，知道吃饭时应身体坐端正，左手扶着碗，右手拿勺子，自己动手细细嚼、慢慢咽。幼儿年龄越小，其动作越不协调，因此常常会出现饭菜撒落或打翻的情况，此时教师不必在意或指责，应以平常心对待这类进餐中的"小插曲"，帮助其整理干净，继续鼓励幼儿自己吃。随着年龄的增长，教师可逐步提高要求：饭菜尽量不撒落在桌上和地上；吃松脆的饼干或蛋糕时轻轻咬，用小手或点心盘接住落下的碎屑；在吃豌豆、香蕉、橘子、卤鸡蛋时，自己动手剥，并将剥下的果皮等放在指定地点。教师还可组织幼儿参与一些实践活动，如去幼儿园的种植园地采摘蔬菜，参观幼儿园厨房，帮助食堂的师傅择菜、洗菜，学习拌蔬菜沙拉、搓元宵等。

尝尝山的味道。在《窗边的小豆豆》一书中，小林校长为了让孩子们不挑食、不偏食，每次餐前都会和孩子们一起讨论菜里有没有海的味道、山的味道（山的味道如蔬菜、豆类、肉、蛋，海的味道则是鱼、虾、海带、紫菜等），还适时问问："尝到海的味道和山的味道了吗?"这种方法孩子会很喜欢。我们也可以在餐前用有趣的、孩子容易理解的方式介绍食物，如木耳中含有一种宝贝，多吃木耳可以让我们身体中的血液干干净净，鸡蛋的蛋黄可以让我们的大脑变得更聪明等。另外，保证每天的运动量，幼儿才容易产生饥饿感；让幼儿自由选择进餐座位，和喜欢的同伴在一起，愉悦的情绪会让幼儿更好地进餐。

宝贝食谱花样多。幼儿园的保健老师应根据季节的变化科学合理地制定时令菜肴，不断翻新饮食的花样。如春季天气暖和，幼儿生长较快，应及时给幼儿补充含钙质和维生素 D 的食物；夏季幼儿消耗体能，应多吃清淡、消暑的食物；秋季天气干燥，是幼儿增长体重的最佳时节，应供给幼儿热量高的食品；冬季天气寒冷，是幼儿储存能量的最好季节，让幼儿适当多吃点甜食。花样多变的面食、造型有趣的糕点、搭配美观的菜肴、香甜可口的水果同样深受幼儿喜爱。老师还可通过日常观察、调查表、家访等了解幼儿的饮食喜好，并及时反馈给保健老师。还可开展"征集宝贝食谱"等活动，引导家长参与，为幼儿园提供一些易做、可口、美味的营养食谱，丰富幼儿饮食内容，有效提高幼儿的饮食质量。

案例　香蕉开花啦!

今天午点吃香蕉，我刚把香蕉发完，就听到"啪啪啪"的声音，原来是浩浩这个小调皮把香蕉当成了小手枪，紧接着"啪啪啪"一声高过一声，场面有点混乱了。于是我灵机一动，问道："香蕉除了能变成手枪，还能变成什么?"听我这么一说，小朋友都没了声音。突然辰辰说："老师，能变成天上弯弯的月亮。"她边说边把香蕉高高地举了起来。"说得真好，能变成月亮，还能变成什么呢?"我引导幼儿接着思考。"老师，老师，还能变成小船。"天鸣边说边把香蕉的两头朝上。"噢! 还能变成小船。"子逸连忙说："老师，老师，还能变成小电话。"说完就把香蕉放到了耳旁"喂喂喂"地打起电话来。"小电话，说得真好。"浩天着急地说："老师，老师，还能变成小桥，你快看呀！"……看着兴致勃勃的孩子们，我暗自庆幸自己没有用"严明的纪律"去限制孩子，而让孩子们大胆想象，满足了孩子们表达的愿望。不过午点活动还得正常进行呀，于是，我话锋一转："你们太厉害了，把香蕉变成了这么多好玩的东西，现在我也想变一个。"我边说边仔细地把香蕉皮剥成了四片，剥好后得意地对孩子们说道："瞧，我的香蕉开花啦！你们的香蕉也会开花吗？"听我这么一说，孩子们纷纷动手剥起香蕉来，一朵朵漂亮的香蕉花就这样开了出来。我接着说："闻一闻真香呀，吃一口真好吃。"今天的香蕉，孩子们吃得特别有味道。吃完香蕉，我还和孩子们一起编了一首儿歌。后来，孩子们再吃香蕉时，就会很自然地想起这首大家一起编的儿歌，边念边让小香蕉开花。

附：

小香蕉

小香蕉变变变，变成手枪啪啪啪。

小香蕉变变变，变成月亮天上挂。

小香蕉变变变，变成小船水上划。

小香蕉变变变，变成桥儿河上趴。

小香蕉开了花，娃娃吃了笑哈哈。

分析：

吃午点是幼儿一日生活环节之一，这期间会发生一些小故事，教师如何利用这些小插曲有效地实施教育引导呢？此案例中面对这一偶发事件，教师没有严厉禁止，而是随着孩子们的兴趣，运用开放的、发散的提问，鼓励他们大胆想象，引导幼儿联系自己的经验，得出香蕉还像小船、月亮、小桥……最后，幼儿安静有序地吃香蕉。其间，幼儿和教师一起欢笑、一起讨论、一起分享、一起游戏，这正是教师智慧地运用"兴趣转移"的小策略所达到的效果。

延伸与讨论

1. 孩子的食欲及食量确实存在着个体差异，对那些吃饭慢、食量小的孩子究竟应该持何种态度，有何有效的解决办法？请结合实例相互讨论。

2. 我们经常要求孩子：吃饭时不许说话！这样的要求是否合适？你们通常会对孩子提哪些规则要求？重新反思一下这些规则要求。

（安徽省合肥市大西门幼儿园　余学琴）

5. 午睡活动

　　午睡是幼儿园生活的一个重要环节，直接关系到孩子的健康成长。然而，我们却经常看到这样一些现象：睡前不上厕所，睡觉时尿床或睡觉中途起来上厕所，影响其他孩子睡觉；上床后说话，或睁着眼睛迟迟不肯入睡；上床时把衣服、鞋子乱扔等。这些问题你肯定遇到过，也有自己的解决办法，让我们一起来分享交流。

一、太空里可没有地方上厕所

　　一天中午，到了午睡时间，我请孩子们去小便。刚一说完，就有几个孩子立刻冲进了午睡室。要是在平时，我肯定板着脸批评他们了，但今天我尝试着对他们说："等一下，我要带小朋友们去太空梦游呢，太空里可没有地方上厕所哦。"那几个孩子一听就明白了，自觉地走进盥洗室小便去了。其他的孩子一听说今天要去太空里梦游，也迅速小便完躺在了小床上，速度也比平时快很多呢。从那以后，我经常和小朋友们说："今天我们还要去太空旅行哦，小朋友们有没有准备好呀？"孩子们一听我这么说，都自觉地走进盥洗室，愉快地进行睡前如厕活动。

　　从这个案例中，我们可以发现，教师的幽默教育有助于幼儿主动调整自己的行为。现在的孩子大都是独生子女，他们大都比较任性，不愿意接受别人的建议，甚至还有抵触情绪。如果教师在教育中能巧妙地运用幽默，孩子会高兴地接受教师的建议，从而取得事半功倍的效果。

二、鞋子旅行去了

　　翔翔每次午睡时，总喜欢把鞋子东一只、西一只地扔在过道中。经常有小朋友反映他不把自己的鞋子摆放整齐，我也提醒了他很多次。可是效果不大，他依然这样。

这天，午睡的时间到了，翔翔还是照例把鞋子脱了乱放。到了起床的时间，翔翔发现自己的鞋子不见了。于是他整个人都趴在了地上找鞋子，可怎么找也找不着。这下，他着急了起来。我故意严肃地问："翔翔，你怎么趴在地上还不起来？"他垂头丧气地说："老师，我找不到鞋子了。""啊？你把鞋子放在哪里了呀？赶紧找找啊。""我找了，可就是找不到呀。""哦，是这样啊，难道你的鞋子自己去旅行了吗？"翔翔站在那里不说话了。

看到翔翔垂头丧气的样子，我心里暗自高兴，因为翔翔非常在意自己的鞋子。"翔翔，你知道你的鞋子为什么会去旅行吗？""是因为我老把它们乱放。""那我们以后应该怎么办呢？""把它们摆得整整齐齐，不乱丢乱放了。""嗯，好的，你要记住哦。你的鞋子可能还没有走远，我们一起把它们找回来吧。"于是，我带着他在别的小朋友床肚里找到了他的鞋子。他一看到自己的鞋子，高兴地一边穿一边说："再也不让你们跑掉了。"从那以后，翔翔果然说话算话，每次上床之前都要检查一下自己的鞋子有没有摆放整齐。

教师运用幽默的语言，既保护了孩子的自尊心，又让孩子自我反思，从而解决了问题。

三、眼睛里的小宝宝

涵涵小朋友午睡上床后总是睁着眼睛，翻来覆去不肯入睡。这天我悄悄地走过去，假装吃惊地说道："涵涵，你的眼睛里有一个打哈欠的小宝宝哦，她好像很困。你快睡觉吧，不然一会儿你的眼睛就睁不开了。"涵涵听我这么一说，将信将疑地闭上了眼睛，但是眼睛一眨一眨的，还是想睁开，于是我又接着说道："现在我看不到那个小宝宝了，她一定和你一样，闭上眼睛藏起来准备睡觉了。你可千万不能睁开眼睛把她吵醒。赶紧和她一起睡一会儿吧。"涵涵这下紧紧地闭上了眼睛，不一会儿便安安静静地睡着了。

　　涵涵在家里就没有午睡的习惯，再加上经常晚睡晚起，所以不太适应幼儿园的午睡，导致上床后迟迟不肯入睡。只是一味地强调让她赶紧入睡，效果并不佳。教师这时利用孩子的想象力和好奇心，创设一个"小宝宝"的情境，让孩子在想象中逐渐进入了香甜的梦乡。

四、裤子出汗了

　　旸旸是个腼腆的男孩儿，他的小床在靠墙的位置，因为他比较乖巧，所以我们对他的关注也就相对少了一些。这一天，孩子们起床后，保育员阿姨在叠被子，当她叠到靠墙边的小床时，发现地上有一摊水。阿姨觉得很奇怪，地上怎么会有一摊水呢？我和她对视了一下，想了想，可能是哪个孩子尿尿了。于是我找来睡在这附近的孩子，摸了摸他们的裤子，检查是谁的裤子湿了。检查过后，我发现原来是旸旸的裤子湿了。为了保护旸旸的自尊心，我没有当着全班孩子的面批评他，而是把他拉到了一边，悄悄地问他："旸旸，你的裤子是不是出汗了呀？"旸旸被我问得莫名其妙："为什么出汗了？""你说为什么呀？你来摸摸你的裤子。"这下旸旸不说话了，害羞地对我笑了笑……

　　下午离园的时候，从旸旸的妈妈那里得知，旸旸午睡中有小便不敢和老师说，自己憋着，等到午睡起床后再去盥洗室上厕所，有时还没来得及走到盥洗室，就把小便解了出来。

　　以后，在孩子们午睡中途，我总会把爱尿裤子和中午喝较多汤的几个孩子叫起来上一次厕所。我还告诉孩子们：睡觉中途要是想小便，不用憋着，可以告诉老师；尿了裤子，也不用害羞，要及时告诉老师，把湿裤子换下来，这样才不会生病。

　　尿裤子或尿床的现象在幼儿园比较普遍，尤其是有的孩子在午餐时喝了很多的汤，或者在午睡前没有如厕，常会尿裤子。这时，老师适宜的一句话可以呵护孩子的自尊心。同时，要避免这类事情的发生，一定要在睡前提醒孩子如厕。

　　当然，对于上述事例中提到的现象也不能一概而论。因为在我们的日常接触中，也会发现有个别孩子在家里就没有午睡的习惯，在幼儿园里我们就得要求他必须午睡吗？我觉得还要细究原因：

第一，情绪原因。有的小班的孩子，因为刚入园，情绪不稳定，想念自己的爸爸妈妈，所以不愿意午睡。

第二，作息时间与家里不一致。有的孩子在家里玩累了就睡，而幼儿园有固定的生活作息时间。孩子还没有建立固定的条件反射，所以有的孩子入睡迟，等别人都起床了，他才开始犯困。

第三，受入睡的环境影响。有的孩子喜欢安静，在家里有自己安静的小房间，有时会有爸爸妈妈的陪伴，很快便能入睡。而幼儿园的环境却没有那么安静，孩子们可能会互相干扰。

第四，个体差异。孩子们对于睡眠的要求，或多或少会存在个体差异。有些孩子确实睡眠少，很少午睡，所以，让这样的孩子每天都午睡，确实很为难。

要想解决这些问题，作为教师，我们一方面要努力为孩子们营造良好的睡眠环境，消除孩子的消极情绪；另一方面，在条件允许的情况下，我们可以允许个别孩子在不影响别人午休的情况下，安静地进行绘画或阅读活动。同时，我们也要家园联手，请家长在家培养孩子独立入睡、按时午睡的习惯，并且在周末或假期也能遵守幼儿园的作息时间，合理安排孩子们的生活，做到家园同步，确保孩子养成午睡好习惯。

延伸与讨论

1. 从小班入园开始，就要努力培养孩子良好的午睡习惯。在午睡环节，你碰到的最大困难是什么？采取的最有效措施是什么？一般要花多长时间才能基本让全班孩子安然入睡？

2. 对于个别特别难以入睡的孩子你一般是怎么处理的？

（安徽省合肥市大西门幼儿园　唐　璐）

6. 活动室环境的整体布局设计

活动室是一个特殊的空间，应有供孩子探索的活动区，又有供他们玩耍的开放空间，还有供他们进行益智游戏的安静空间。据此我们可把活动室分割成动区、静区和移动区三大块。动区主要有表演区、角色游戏区等；静区主要有图书区、美工区、棋类益智区等；移动区主要是为了节约空间而设计的，可利用带轮子的玩具柜设计成可移动餐车、手偶表演台等，可根据需要放在不同的位置。大的空间布局设计好了以后，根据幼儿的实际需求，我们就可以对各个区域进行美化和完善了。

一、活动区角的位置要合理，材料投放要适合孩子

静区要放在光线充足的地方。美工区的边上我们可以开辟一块作品墙和小小展示台，展示孩子们亲手制作的作品。棋类区的墙面上可张贴一些比赛规则、棋类的玩法等。动区可安排在离门和走廊都比较近的地方，便于幼儿来回走动，游戏时相互交流和互换角色。移动区可以根据活动开展的需求，用大纸箱或带轮子的玩具柜把设备材料装好，贴上标志。

小、中、大三个年龄班的活动区应有所不同，在中、大班的活动区里，自制与代用材料要多一些。各个活动区域之间可以有明显的通道，便于幼儿自行转换活动区。活动区对教师来讲是开放的，便于教师观察、了解儿童，随时注

图1

意指导幼儿活动。在开展区域游戏时，活动室的桌椅可以随时充当区域间的隔断。（图1）

二、孩子参与环境创设

幼儿园活动室环境创设不应只强调美感，而更应该是幼儿与环境互动的结晶。如果活动室有幼儿自己参与劳动的成果，那孩子将会十分喜欢。如孩子们在吃生日蛋糕时收集了许多一次性餐盘，大家共同讨论如何废物利用，最后大家齐动手，用卡纸做龙头和龙尾，粘贴成一条长长的巨龙，巨龙盘绕在用各种废旧纸盒粘贴而成的长城上，蜿蜒起伏（图2）。由此生成了"大中国"这一主题活动。孩子们从家里带来了各地的特产，在活动区开设了"风味美食一条街"；在活动室进门位置的墙裙上布置了祖国各地风貌图片展，并为此成立了"开心旅行社"。因此，幼儿园活动室的环境创设应以满足幼儿发展的需要为目的，以儿童为中心，以环境为辅助，引导孩子在与环境的互动中成长。

图2

角色游戏深受孩子们的喜爱，游戏环境的设置直接影响着孩子们参与游戏的兴趣。在娃娃家、医院、餐厅、超市等游戏区域的设置上，我们开展了社区活动，带孩子去超市、银行等地参观与体验，然后孩子们结合自己的生活经验共同参与布局设计，在游戏区摆放上自己制作的材料及平时喜爱的娃娃等。游戏时孩子们情趣盎然，乐此不疲。自主创设的游戏环境促进了幼儿社会性行为的发展。

三、环境布置要与主题相结合，且要常变常新

活动室的各区域不是孤立的，可围绕主题来创设。如设计"地球家园"的活动时，我们共同设计了"美丽的地球村"主题墙。在活动室的

屋顶上悬挂着自制的太阳、云朵、小鸟等作为吊饰；在美工区有各种贝壳、树叶、种子供孩子制作装饰画；在科学区为孩子布置了"恐龙世界"、"海底的秘密"，还为孩子们准备了"火山"、地球仪等活动材料。这样，活动室的环境布置"活"起来了，为幼儿创造了一个可操作的世界，激发了幼儿创新的欲望。

案例　环境是无声的教育者

新学期开学了，丁丁第一次来到幼儿园，带着焦虑和害怕的情绪紧紧地搂着爸爸。老师笑眯眯地拉着丁丁的小手，邀请丁丁走进活动室参观。丁丁被眼前的一切吸引了：米白色的墙壁，绿色的窗帘，粉色的小桌椅……橱柜、玩具架等一切用品都是按幼儿的尺寸定做的；玩具架上摆放着各种精致、可爱的玩具，房间的整个布置充满童趣，主题墙上一群可爱的小动物正向大家挥手致意，几个醒目的字"欢迎小朋友"映入眼帘（图3、图4）。丁丁不由自主地走到玩具柜前抱起了"喜羊羊"，然后这看看那看看，原本紧张的小脸露出了笑容，小嘴还不时地嘟噜着："这是什么？这个我家也有……"

图3　　　　　　　　　　　　　图4

分析与反思：

教育者为幼儿准备一个适宜的环境十分重要，这个环境应能让幼儿自然地得到发展，应是一个有秩序的、愉快的环境。丁丁初次离开家来到幼儿园这个陌生的环境，神情紧张，甚至抵触、哭闹，不愿上幼儿园，这都是情理之中的事。老师可根据幼儿的心理特点采取相应的措施，利用活动室的空间，建立一个全新、友爱的大家庭。让每位小朋友在这个空间中自由活动，逐渐了解、喜欢幼儿园，融入到这个新的集体中去。

对于年龄较小的孩子来说，暖色调的室内环境氛围，可以缓解小班幼儿因初入园而造成的分离焦虑的情绪。室内家具的摆放、墙饰的布置协调统一，可为幼儿提供一个良好的视觉环境，更会让幼儿感受到被爱护与被关怀的温暖。

延伸与讨论

1. 谈谈你所在班级的环境设计整体思路及布局安排，与同行分享交流。

2. 不少幼儿园房舍紧张，对于活动室的一室两用（即活动室、午睡室合二为一），如何布局设计更为合理？

（安徽省委机关幼儿园　朱　寅）

7. 幼儿园墙饰、吊饰、地饰的布置

幼儿园的环境从三维空间来看可分为地面环境、墙面环境、空中环境，也就是指幼儿园的地饰、墙饰和吊饰，它们是幼儿园环境组成的重要因素，在创设时应遵循教育化、儿童化、美观化的原则。

一、与主题相结合的墙饰

幼儿园的班级里都会有一面很大的主题墙，如何让我们的主题墙拥有持久的教育功效？

1. 墙饰的设计要富有教育性

墙饰应与教育目标有关，体现出教育要求。如小班的墙饰可以"我爱幼儿园"、"大家一起玩"为主题，中班则以"自己的事情自己做"、"认识交通工具"为主题，大班可以"我的家乡"、"我要上小学了"等主题来进行布置。

2. 墙饰的布置要有艺术性

儿童美感的获得与提高，是美的事物潜移默化地熏陶的结果。教师要按美的规律和美的形式来制作墙饰，创设一个优美、干净、整洁和富有艺术气氛的环境。用生动的造型、鲜明的色彩去打动幼儿的心灵，播下美的种子，使墙饰为儿童所爱。

3. 墙饰的设计要有动态性

墙饰不能一成不变，应随着教育目标的需要而随时变化。同一主题

可以变换画面的构图，从不同的角度、不同的侧面来反映。不同的主题，要更换画的主要形象，用不同的方法表现主题。这种动态的墙饰能引发孩子的兴趣，培养孩子的观察力和记忆力。如随着季节的变化，到了冬天，主题墙上的绿叶消失了，取代它的是皑皑的白雪。新年到了，主题墙上可以增加关于新年的内容。

室内外的小型墙可以请孩子共同参与设计，让环境活起来。如插座旁边的"标志图"，温馨提醒幼儿插座有电，注意安全；区域口的"规则图"，提醒幼儿进区时的注意事项；盥洗室的水龙头上方张贴的洗手"五部曲"，让幼儿对洗手的步骤一目了然。环境是可以"说话"的，每个角落的环境创设不是单单为了美，要让环境也成为幼儿的老师，使孩子真正地与环境产生互动。

二、可操作性强的地饰布置

幼儿园里最吸引人眼球的是大片的墙饰，而地饰往往被忽略。怎样才能更好地发挥地饰的作用呢？

地饰的布置可有效地节约活动场地的空间，减轻老师在孩子活动时摆放物品的工作量，精美的地饰同样也让大家赏心悦目。

地饰布置可分为室内地饰布置和室外地饰布置。室内的地饰布置可以功能性为主，在活动室内可用小花、圆点等贴成一个大圆圈，在地面游戏时控制每个人的间距位置。在开水桶前贴上小脚丫，提醒幼儿要排队接水。在区角的周边地面贴上精美的花边图案，可以控制游戏区域的范围。

室外地饰的布置上，塑胶跑道、沙池、戏水池这种公共的地饰设计是必不可少的。此外我们可以在走廊的地面上用即时贴贴出迷宫、跳棋等智力游戏，还可以贴上跳格子这样的传统游戏，让孩子在闲暇时玩耍。在走廊、操场等地面上，用油漆画上各种图案，不仅能美化幼儿园的环境，同时还可以丰富幼儿的知识。如在地面上剪贴出各种几何图形：正方形、三角形、梯形等，让孩子玩"听口令找图形"的游戏。还可以在地面贴上1—10的数字，帮助孩子掌握顺序跳、倒数跳、跳奇数、跳偶数的数学游戏。我们还可以剪贴一些路标,让孩子辨认和寻找方向。在楼梯上下位置可以贴上小脚丫,引导孩子有序上下楼梯。充分发挥地饰的作用,可以让孩子随时参与其中,游戏操作时简便易行。

三、走廊、屋顶吊饰的设计与制作

一个完整的空间布局当然少不了精美的吊饰。吊饰可以给活动室的空间增加立体感和动感。孩子进入屋顶挂满花草的走廊,仿佛进入美丽的植物园。如果屋顶吊满了星星、月亮,又仿佛置身于宇宙太空(图1)。对于游戏空间较小的园所,吊饰还可以起到隔断的作用。吊饰还可以暗示区域游戏的人数。如,我们可以在音乐区悬挂五个小音符,孩子在参与游戏时将自己的挂牌夹在小音符上,如果三个小音符上夹有照片,说明音乐区还可进两人游戏。(图2)

图1

图2

吊饰在制作原则上可以结合主题墙来设计,在制作方法上可废物利用或让孩子一起动手参与。如在环保袋上画上各种京剧脸谱造型,悬挂成一排,不仅可以起空中隔断的作用,也是一道具有民族特色的风景线(图3);还可将孩子的美术作品加上自制的框架悬挂在活动室……

图3

案例　一起动手，变废为宝

周一的早晨，贝贝高兴地拿着星期天在家和妈妈一起制作的树叶画——一条可爱的小金鱼正在水草里自由自在地游泳。贝贝自豪地向大家介绍说，这是用星期天他和妈妈一起去公园玩时捡来的落叶制成的。孩子们投去了美慕的眼神。我趁热打铁将孩子们聚集在身边，询问道："我们还可以用什么来制作粘贴画？"小林说："可以用蛋壳。"毛毛说："豆子也可以。""还有碎布头……""怎么做呢？"接下来的几天，孩子们收集了很多蛋壳、碎布、铅笔屑等。我带着孩子们一起准备好双面胶、卡纸、胶水、剪刀等材料，并进行示范讲解。当我把制作好的废物粘贴画悬挂在活动室时，活动室内响起了热烈的掌声，孩子们个个跃跃欲试，准备大干一场。

接下来幼儿根据自己的意愿制作粘贴画，在轻松愉快的创作氛围里孩子们情趣盎然。这时，我和孩子们边做边讨论："你们看，碎布可以做成什么？"大家争先恐后地抢着回答："做成小姑娘的花裙子，做成花儿，做成扇子……"慢慢地，孩子们拿起一件废旧物品时，就知道先根据外形特征将其想象成一样东西，然后再进行创作、装饰、加工。废旧物品中，还有许多东西什么也不像，我们可以把它加工成自己想要的东西。一张旧挂历、一些小豆子、一团棉花，我请他们想办法把它们也变成自己想要创作的东西。有的孩子把旧的窗帘纱和一次性台布拼成帆船，再用废旧泡沫拼成海浪，形成了一幅美丽的海上风景画。（图4）还有的孩子画了一只小羊，用白色棉花当它的毛，粘在小羊的身上，用黑毛线做眼睛，用瓜子壳做蹄子。一幅生动的小羊挂饰悬挂在走廊上，得到了大家的一致称赞。孩子们的作品制成后，我建议他们加上边框或画上花边，这样更能增加美感。

图4

分析：

幼儿期是想象丰富、思维活跃的高峰期，幼儿最爱想象，而且有股"初生牛犊不怕虎"的劲儿，但成人要正确引导，加以鼓励。成人要鼓励孩子大胆地参与，以主人翁的精神投入到班级环境的创设中去，充分发挥孩子的创作积极性，让孩子在充满神奇的创作世界里自由尝试，在与同伴的交流、与老师的碰撞中，积极学习，拓展思路，建构知识，健康成长。

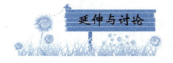

延伸与讨论

1. 说说你的班级的地饰、墙饰、吊饰的制作，把你认为最富有创意的做法介绍给同伴。你觉得还有哪些地方需要改进？

2. 孩子该如何参与班级地饰、墙饰、吊饰的制作？班级的这种空间布置能起到什么教育作用？试举例说明。

（安徽省委机关幼儿园　朱　寅）

延伸与讨论指南

● 晨检及疾病防治

传染病高发期间晨检要更加严格，或者采取更有针对性的检查措施，比如测量体温，手足口病期间检查口腔、手足部等。并且要增加检查的次数，要有详细的午检等。

晨检不应怕麻烦，避免流于形式，应严格按照规定的程序执行。因为晨检可以说是一日安全的第一道屏障，一些家长未发现的问题可能通过晨检得到及时发现，这无论对孩子还是对幼儿园来说，都是非常重要的。

● 晨间、离园活动

离园环节家长最集中，最重要的安全问题就是保证把孩子交到家长手中，所以最好有明确的制度要求，让家长有秩序地接领孩子。特别要注意临时接管人员的身份核实，以免出现意外。一些家长在接到孩子后会让孩子在幼儿园玩耍，这也是孩子非常喜欢的，这时虽然孩子已由家长看管，但幼儿园仍要强调安全问题，尤其是重视户外场地和器械的常规管理和检查程序。

● 盥洗活动

保育员和教师只是相对的保教分工，但绝不意味着教师不承担保育的任务。盥洗环节容易出现拥挤、滑倒等安全问题，所以教师和保育员要分工负责，保证幼儿的安全。

大班孩子确实有分厕的必要，这对幼儿性别认同的正常发展有积极意义。但目前不是每个幼儿园都具备这样的条件，具备条件的可以分厕，不具备的可以加强相关教育，通过男女分批如厕等方式来实施。

● 餐点活动

孩子的饮食行为和习惯确实有差异，一方面不能用统一的标准来强求吃饭慢、食欲小的孩子，多数时候要积极鼓励幼儿；不良的饮食习惯也不是一下就能改变的，要有耐心，更需家园的配合。

吃饭时不许说话作为通行的要求，确实有重新审视的必要。其初衷是为了孩子的饮食安全，避免出现意外，有一定的必要。但吃饭时的轻声交流并不影响安全，可在强调安全的前提下，允许孩子适当交流，这样会让孩子更轻松愉快。

• 午睡活动

午睡对孩子而言是一种好的习惯，是幼儿园一日生活的必要环节。但在入园之初，孩子有一个适应的过程，也会有个别孩子难以入睡，对此可积极引导，耐心培养其午睡习惯，可允许个别孩子在无法入睡时从事安静活动，但最终还是以融入集体的习惯为宜。同时需要家长在作息上配合幼儿园。

• 活动室环境的整体布局设计

环境设计要遵循一些基本原则，首先要服从教育的目的，即环境中隐含着教育的意图；其次要美观、和谐，让孩子有舒适的观感；另外还要考虑到幼儿对环境的参与性以及环境的动态调整等。

活动室、午睡室共用是对有限空间的合理利用，当然，有条件的幼儿园最好有专门的午睡室。如果活动室、午睡室共用，床铺最好是可折叠的，这样可保证幼儿活动的空间和安全。

• 幼儿园墙饰、吊饰、地饰的布置

这体现了立体化的环境布置，充分体现了对空间的利用以及整体营造班级美的氛围。这些布置都可以让幼儿参与进来，制作材料的收集、分工进行小制作、在环境中学习等都是孩子参与的方式。